나를 위한 최고의 선택

KB108264

いつでも「最良」を選べる人になる後悔しない「選び方」のレッスン
ITSUDEMO「SAIRYOU」WO ERABERU HITO NI NARU KOUKAI SHINAI
「ERABIKATA」NO LESSON
Copyright © 2018 by Rita Sugiura
Original Japanese edition published by Discover 21, Inc., Tokyo, Japan
Korean edition published by arrangement with Discover 21, Inc. through BC
Agency.

나를 위한 최고의 선택

우유부단함과 이별하고
인생이 행복해지는 선택의 기술 30

스기우라 리타 지음 | 이용택 옮김

이너북
INNERBOOK

인생은 선택의 연속이다.

― 윌리엄 셰익스피어(극작가)

'나답게'
행복한 인생을 위해

이제부터 소개하는 두 가지 장면을 잠깐 상상해보기 바랍니다.

장면1 | '고민 씨'의 어느 평범한 평일 아침

평소와 똑같은 시간에 일어났더니 비가 부슬부슬 내리고 있었습니다.

귀찮아……. 비가 오니 버스가 늦을지도 몰라. 오늘은 20분쯤 일찍 집에서 나가는 게 좋을까? 아니야, 그냥 부슬비일 뿐이니까 항상 나가던 시간에 나가도 괜찮겠지?

어쨌든 오늘은 여러 가지로 시간이 더 걸릴 것 같으니까 아침마다 하던 스트레칭은 생략하고 출근 준비부터 서둘러야 해.

아침 식사로는 뭘 먹지? 빵이랑 야채 주스? 그런데 계란도 먹고 싶어. 아니면 과일만 먹을까?

머리카락은 흩날리지 않게 업스타일로 할까? 그런데 오늘은 밤에 식사 약속이 있으니까 얼굴이 작아 보이는 다운스타일로 할까?

구두는 뭘 신을까? 비가 오니 장화를 신어야 하나? 그냥 가죽 구두로도 괜찮지 않을까?

이래저래 망설이다 보니 어느덧 집을 나서야 할 시간이 다가왔습니다.

장면 2 | '선택 씨'의 어느 평범한 평일 아침

평소와 똑같은 시간에 일어났더니 비가 부슬부슬 내리고 있었습니다.

이 정도의 비라면 항상 나가던 시간에 나가도 전철이든 버스든 늦지 않을 거야. 그럼 매일 어김없이 하는 아침 스트레칭을 오늘도 시작해 볼까!

오늘 아침 식사로는 껍질 벗기기가 성가신 과일보다 간편히 차려 먹을 수 있는 빵이랑 야채 주스가 좋겠어.

밤에는 식사 약속이 있으니까 약간 여성스럽게 보이고 싶어. 좋아, 머리카락을 내려뜨리고 사이드 업스타일로 하자.

비 오는 날이니까 주름이 잘 지지 않는 원피스를 입고 방수 펌프스를 신으면 되겠군.

자, 거울 앞에서 마지막 체크!

오늘도 밤까지 즐겁고 설레는 하루가 될 것 같아.

어떻습니까? 이처럼 우리의 삶은 매일 매 순간마다 '선택'을 해야 하는 상황이 잔뜩 생겨납니다.

앞의 두 장면에서는 '고민 씨'와 '선택 씨'의 아침을 비교해보았습니다. 어느 쪽을 선택하느냐에 따라 그날이 즐겁고 알찬 하루가 될 수도 있고, 반대로 후회스럽고 허무한 하루가 될 수도 있습니다. 모든 것은 자신이 주도권을 쥐고 어떤 선택을 하느냐로 결정됩니다. 또한 하나의 선택이 다음 선택을 촉진하고, 그 선택이 또 그다음 선택으로 이어진다는 것을 깨달을 수도 있습니다.

어떤 음식을 먹고 어떤 옷을 입고 어떤 길을 걸을지, 누구와 만나 무슨 이야기를 하며 어떤 시간을 보낼지, 상사에게 언제 보고하고 몇 시에 팀 회의를 할지……. 날마다 갈림길을 맞닥뜨리는 일상은 '선택의 연속'입니다.

이러한 일상의 작은 선택만 있는 게 아닙니다. 인생의 커다란 갈림길인 진학, 취직, 이직, 퇴직, 결혼, 출산, 이혼, 재혼, 이사, 임종(!)까지, 우리는 선택해야 합니다.

때로는 단 한 번의 선택으로 인생이 달라지기도 합니다. 예를 들어 취직이나 결혼 같은 인생의 굵직한 사건들은 이후의 인생에 커다란 영향을 끼치는 선택입니다.

첫머리에서 소개한 셰익스피어의 말마따나 우리 인생은 작은 선택부터 커다란 선택까지 '선택의 연속'이 자아낸 결과로 만들어집니다. 그렇다면 평소의 자그마한 선택이든 인생에 영향을 끼치는 커다란 선택이든, 조금 더 신중하게 해야 하지 않을까요?

어쩌면 그것만으로도 기분이 좋아지거나 일상생활에 변화가 일어날 뿐 아니라 인생 자체가 바뀔지도 모릅니다.

선택하는 데 서투른 사람들

제 소개를 하겠습니다. 저는 스기우라 리타라고 합니다. 현재 기업 연수, 기업의 다양성 교육 및 여성 활동 촉진, 여성을 위한 상품 브랜딩 지원 등의 일을 하고 있습니다. 간단히 말하면, 여성의 행복을 촉진하는 활동을 다양한 각도에서 수행하는 업무라고 할 수 있습니다. 개인적으로는 두 아이의 엄마이기도 합니다.

저는 기업 연수를 진행하면서 수많은 여성들을 상담해왔습니다. 나이와 업무 내용은 제각각이었지만, 그들은 대부분 '선택의 어려움'에 관한 고민을 털어놓았습니다.

일상의 매우 사소한 선택, 일과 삶의 균형(work-life balance)과 관련된 선택, 업무와 관련된 선택, 인생을 크게 좌우할 갈림길에서의 선택까지 수많은 선택들 앞에서 그들이 자신감 없이 망설이는 모습에 저는 놀랐습니다.

'조금 다른 방법으로 해볼걸……' 하며 자신의 선택을 후회하는 사람도 있었습니다. '정말로 나는 최선의 선택을 했을까?'라는 개운치 못한 느낌을 늘 품고 있다는 사람도 있었습니다. '고민하지 말고 얼른 선택하라'는 말을 들으면 오히려 조급해져서 더욱 선택하기 힘들어진다며 불안해하는 사람도 있었습니다.

저는 이처럼 '선택하는 데 자신감이 없다'고 고민하는 수많은 목소리에 응답하고자 이 책을 집필하기로 결심했습니다. 이 책에서는 독자들이 직장에서나 가정에서나 모두 충실한 삶을 살 수 있도록 항상 스스로 판단해서 '최선'을 선택하는 비결을 전달하겠습니다.

솔직히 말하자면, 저도 예전에는 어처구니없을 만큼 선택하는 데 서툴렀습니다. 식당에서 메뉴를 고르는 것조차 고역이었습니다. 제가 메뉴 고르기를 어려워하자 옆에서 보다 못한 친구가 좀이 쑤셨는지 "이게 맛있겠네, 이걸로 시키자"라면서 제 대답도 듣지 않고 주문해버릴 정도였습니다. 저는 이처럼 '전혀 선택하지 못하는 사람'이었던 것입니다.

일상의 사소한 선택부터 인생의 커다란 선택까지 늘 제대로 해내지 못할까 봐 초조하고 불안했습니다. 노심초사하며 겨우겨우 선택한 후에도 '이게 과연 옳은 선택일까?', '다른 방법을 선택했어야 했나⋯⋯'라며 우물쭈물 미련을 떨치지 못했습니다.

훌륭한 인생을 선택해가는 친구들의 존재는 저의 초조함과 불안을 더욱 부채질했습니다. 30대가 되자 일을 그만두고 해외로 이주한 친구, "서른 살 전에 결혼하겠어!"라고 선언하고 실제로 결혼에 성공한 친구, "내가 하고 싶은 일에 도전하겠어!"라면서 창업한 친구⋯⋯. 미지의 무대로 향하는 그녀들의 새로운 출발을 옆에서 축복해주기만 하는 저는 왠지 뒤처지는 것 같아서 일상의 초조함과 미래에 대한 불안이 점점 심해져갔습니다.

저는 그처럼 선택하는 데 서툴렀지만, 지금은 망설이지 않고 신속하게 최선의 선택을 할 수 있게 되었습니다.

먼저 '업무를 통해' 선택하는 힘을 키웠습니다. 그리고 그렇게 익힌 힘을 업무 외의 일상적인 선택이나 인생의 선택에도 응용해 보았습니다. 그러자 지금까지 선택하기 어려웠던 문제들이 거짓말처럼 해결되었습니다. 일상의 작은 선택부터 인생의 커다란 선택까지, 제 마음속에서 진정으로 원하는 대로 '최선의 선택'을 척척 해낼 수 있게 되었습니다.

| '제대로 선택하는 방법'은 아무도 가르쳐주지 않는다 |

하지만 지금까지 살아오면서 '선택하는 방법'에 관해 배운 적이 있나요?

어린 시절부터 사회인이 되기까지 진로나 인생의 선택 앞에서 머뭇거릴 때 '이 학교가 좋아', '저 회사가 적성에 맞을 거야'라는 식으로 각 선택지에 관한 개별적인 조언을 듣기는 했지만, '어떻게 해야 좋은 선택을 할 수 있는지' 그 본질적인 방법에 관해서는 아무도 가르쳐주지 않았습니다.

살아가면서 선택의 순간과 끊임없이 마주치지만, 좀처럼 선택하지 못하는 사람은 수없이 많습니다. 사람들은 선택을 잘 못하는 이유를 흔히 '우유부단한 성격'을 타고났기 때문이라고 생각하곤 합니다. 그래서인지 '선택하는 힘'을 '능력'이나 '소양'으로 성장시킬 수 있다고 여기지 않는 듯합니다.

하지만 선택하는 힘은 후천적으로 성장시킬 수 있습니다. 저는 선택하는 힘을 기르는 것이 스포츠 훈련이나 말하기 훈련과 똑같다고 생각합니다. 물론 특별한 훈련을 하지 않더라도 스포츠나 말하기는 누구나 할 수 있습니다. 하지만 이론을 익히고 올바른 습관과 정확한 자세로 날마다 훈련을 쌓는다면 실력은 부쩍 늘기 마련입니다.

지금 우리가 배워야 할 것은 '무엇을 선택하느냐?'가 아니라, '어떻게 하면 스스로 판단해 선택할 수 있느냐?'입니다.

'선택'이라고 다 같은 선택이 아닙니다. 일상의 사소한 선택부터 인생 전체와 관련된 커다란 선택까지 '선택의 주제'는 다음과 같이 여러 갈래에 걸쳐 있습니다.

'어떤 옷을 입을까?', '무슨 음식을 어디에서 먹을까?', '무슨 이야기를 할까?', '어떤 물건을 살까?', '누구와 시간을 보낼까?', '주말에 무슨 일을 할까?' 등 물밀듯이 밀려드는 '일상의 선택'.

'회식 자리를 어디로 정할까?', '여행 선물로 무엇을 고를까?'

등 '센스가 필요한 선택'.

'어느 병원으로 갈까?', '어떤 절차로 일을 처리할까?', '누구에게 상담을 청할까?' 등 '결과가 중요한 선택'.

'어느 학원에 다닐까?', '어느 학교에 입학할까?', '어느 곳으로 이사할까?' 등 '한번 결정하면 돌이키기 힘든 선택'.

'어떤 직업을 가질까?', '어느 회사로 옮길까?', '누구와 결혼할까?', '언제 아이를 낳을까?' 등 '인생의 무대가 달라지는 중요한 타이밍에서의 선택'.

물론 주제에 따라 선택지는 완전히 달라집니다. 그렇기 때문에 날마다 무언가를 끊임없이 선택해야 하는 우리는 특정 분야에 얽매이지 않고 다양한 선택의 기회에 응용하고 활용할 만한 공통의 사고방식이나 규칙을 알아두어야 마음을 놓을 수 있습니다. 그러면 분명히 더욱 자신감을 가지고 마음 편히 선택할 수 있을 것입니다.

| '최선'을 선택할 수 있는 삶을 살자 |

이 책에서는 마음에 드는 사람과 좋아하는 일을 하며 즐거운 시간을 보내는 방법, 직장에서나 가정에서나 멋진 모습으로 밝은 미래를 만드는 방법, 행복을 느끼며 살아가기 위해 선택하는 힘을 익히는 방법에 초점을 맞춥니다.

궁극적으로는 스스로를 믿고 행복을 선택하는 데 익숙해지는 것을 목표로 삼습니다. 덧붙여 '최선의 선택'이라는 말은 '누가 보더라도 가장 좋은 것'을 가리키지 않습니다. 언제나 '내가 봤을 때 가장 좋은 것'을 선택하는 것이 진정한 목표입니다.

'내가 원하는 것을 손에 넣어서 스스로를 행복하게 만들고 싶다는 마음'을 충족해주는 본질을 선택하는 것이 중요합니다. 그저 흘러가는 대로 자신감 없이 후회와 불안 속에서 살아가면서 선택을 그르치는 일은 이제 그만두어야 합니다.

앞에서 말했듯이 사람은 제각각 다양한 선택의 기회와 마주칩니다. 그 내용은 모두 달라도 공통적으로 활용할 만한 중심축이 존재합니다. 그것을 이 책에서 단계별로 설명해나가고자 합니다.

우선 책의 서장에 해당하는 'STEP 0'에서는 왜 지금 우리가 선택하는 힘을 길러야 하는지 살짝 짚고 넘어가겠습니다. 우리 여성들에게 기회가 넓어지고 있는 시대이기에 '선택의 어려움'을 자각하는 것이 무척 중요해졌습니다.

이어서 'STEP 1'에서는 선택을 잘할 수 있는 마음가짐을 키워보겠습니다. 스스로 선택한다는 것을 긍정적으로 여기며 과감히 선택할 수 있는 마음가짐을 다져봅시다. 이는 선택하는 힘을 기르는 토대가 됩니다.

'STEP 2'부터는 드디어 실천적으로 선택하는 힘을 익혀가겠습니다. 이 책에서는 선택하는 힘을 활용하는 방법을 크게 두 가지로 나눕니다.

첫째, 자신의 마음과 감각을 토대로 선택하는 방법입니다. 이는 'STEP 2'에서 소개합니다.

이처럼 마음과 감각을 토대로 선택하는 힘은 제가 20대의 6년 동안 홍보 업무를 담당했던 LVMH(루이비통 모엣헤네시)라는 명품 브랜드 회사에서 키웠습니다. 패션 브랜드 홍보라는 업무를 하다 보니 전 세계의 유명 디자이너, 메이크업 아티스트, 잡지 편집장 등 여러 분야에서 일류로 불리는 사람들과 수없이 접할 기회가 있었습니다. 그들은 항상 자신의 감각을 연마하고, 그 감각을 토대로 수많은 선택을 해나갔습니다. 선택하는 데 서투른 저는 그런 그들의 모습에 자극을 받고 일단 그들을 흉내 내보기로 했습니다. 이 책에서는 이처럼 마음과 감각을 토대로 선택하는 힘을 '정서적 선택력'이라고 부릅니다. 이 힘을 연마하면 하루하루를 설레고 즐거운 나날로 바꿀 수 있습니다.

둘째, 확고한 생각을 토대로 스스로 납득하고 선택하는 방법입니다. 이는 'STEP 3'에서 소개합니다.

패션업계를 거쳐 P&G라는 회사에 입사한 저는 회사마다 업무 추진 방식과 사고방식이 매우 다르다는 사실에 놀랐습니다. 감정이나 감각을 중시하던 패션업계와는 달리 P&G에서 중시하는 것은 '전략'과 '논리'였습니다. P&G는 '마케팅 학교' 혹은 '리더 배출 기업'으로도 평가받습니다. 저는 P&G에서 여성 타깃 상품을 출시하기 위해 수천 명의 여성들을 대상으로 마케팅 조사를 했습니다. 그리고 여성들의 가치관이나 선택 경향을 상세히 분석하면서 '논리적으로 선택하는 힘'을 철저히 단련했습니다(덧붙여, 제 인생 최대 사건 중 하나인 '결혼'이라는 선택을 할 수 있었던 것도 이 힘을 최대한 발휘한 덕분입니다). 이 책에서는 이러한 사고를 바탕으로 스스로 납득하고 선택하는 힘을 '논리적 선택력'이라고 부릅니다. 이 힘을 연마하면 실천력을 부쩍 높일 수 있습니다.

'STEP 4'에서는 '정서적 선택력'과 '논리적 선택력'의 조합인 '정서+논리 선택력'으로 인생의 중요한 기로에서 후회 없이 제대로 선택하는 방법을 소개합니다. 이 힘을 익히면 회사에서나 가정에서나 더욱 행복해질 수 있습니다.

'STEP 5'에서는 선택의 실수를 줄이는 힌트를 알려드립니다.

보다 나은 선택법을 고민하고 선택에 영향을 끼치는 버릇을 깨닫는다면 더욱 현명한 선택을 할 수 있게 됩니다. 선택의 정밀도도 높아질 것입니다.

마지막으로 'STEP 6'에서는 '나답게' 행복하게 살기 위한 선택을 하는 법을 소개합니다. 이는 행복한 삶에서 멀어지지 않기 위한 자그마한 팁이라고 할 수 있습니다.

앞으로 맞이하게 될 100세 시대에는 기존의 상식과 규칙이 크게 달라질 것입니다. 우리의 인생은 날마다 선택한 결과가 쌓여서 만들어집니다. 불투명한 미래를 '나답게' 행복하게 살아가기 위해 우리 모두 '행복한 선택'을 할 수 있도록 노력합시다.

스기우라 리타

STEP 2
매일이 행복해지는 '정서적 선택력' 키우기

STEP 3
후회할 일이 사라지는 '논리적 선택력' 키우기

STEP 4
인생의 갈림길에서 활용하는 '정서+논리 선택력' 키우기

'제대로
선택하는 힘'이
필요한 이유

자신이 원하는 모습으로
변화하는 데
너무 늦은 시기는 없다.

― 조지 엘리엇(작가)

선택에 따라
우리의 미래가 결정된다

어제 하루 동안에 당신은 몇 번의 선택을 했나요? 어제 아침에 일어나서부터 잠자리에 들기까지 어떤 선택을 몇 번이나 했는지 떠올리고 종이에 적어보기 바랍니다. 늘 일어나던 시간에 일어났다거나 밥 먹고 양치질을 했다거나 하는 일상적인 습관들도 엄연히 당신의 선택으로 행한 일이므로 빠짐없이 종이에 적어주세요.

과연 당신은 어떤 선택을 얼마나 했나요?

2,000명 이상의 일반 미국인을 대상으로 실시한 조사에 따르면 우리는 하루에 평균 70번이나 되는 선택을 한다고 합니다. (CEO 등 업무상 선택해야 할 일이 많은 사람은 제외한 조사입니다.)[*1]

그렇다면 만약 그 70번의 선택 기회에 평소와 다른 선택을 한다면 어떻게 될까요? 만약 모든 선택의 선택지가 딱 두 개밖에 없다고 가정한다면 하루 동안 70번의 선택을 할 때 경우의 수는 2의 70제곱인 1,180,591,620,717,411,303,424나 됩니다(선택지가 세 개 이상이라면 그 숫자는 더 커지겠지요). 다시 말해, 평소와 다른 선택을 하는 것만으로도 1,180,591,620,717,411,303,424분의 1에 해당하는 '또 다른 나의 하루 혹은 또 다른 나의 인생'이 펼쳐진다는 뜻입니다.

변화하는 세상, 선택지는 점점 늘어나고 있다

이전과는 달리 오늘날 우리 여성이 선택할 수 있는 '인생의 폭'이 매우 넓어지고 있다는 사실을 실감하십니까? 여성이 자신의 인생에 관해 자유롭게 생각하고 선택할 기회가 늘어나기 시작한 것은 놀랍게도 그리 오래되지 않았습니다.

돌이켜보면 제가 사회인이 된 1990년대에도 여성은 회사에 단순 인력으로 입사해 커피 심부름을 하다가 결혼해서 퇴사하는 것이 거의 정해진 루트였습니다. 여성은 결혼하고 아이를 낳으면 일을 그만두어야 한다는 통념이 남녀를 불문하고 뿌리 깊게 자리 잡고 있었습니다. 지금 생각하면 매우 불쾌한 이야기이지만, 25세가 넘어도 미혼인 여성은 '12월 25일이 지나도 팔리지 않은 크리스마스 케이크'에 비유되던 시절이었습니다.

하지만 현재는 결혼하고 나서도 일을 계속하는 것이 매우 당연해졌습니다. 부부가 맞벌이를 하는 것은 더 이상 신기한 일이 아닙니다. '결혼 적령기'라는 말도 거의 사어가 되었고, 결혼이나 출산의 타이밍도 사람마다 제각각입니다. 자신에게 가장 알맞은 타이밍에 결혼과 출산을 선택하는 사람이 많아졌고, 일하는 방식도 다양해졌습니다.

즉, 지금은 사회제도와 가치관에 급격한 변화가 일어나고 있다고 할 수 있습니다. 세상은 여성이 일상생활에서든 직장에서든 자유롭게 원하는 일을 선택하도록 뒷받침해주고 있습니다.

이제는 어떤 인생을 선택하든지 본인의 자유입니다! 여성으로서는 천재일우의 기회라고 할 수 있습니다. 그런데 제가 기업 강좌 등에서 20대 후반에서 50대까지의 여성들과 만나 이야기를 들어보면, 다들 미래에 대해 망설이고 머뭇거리고 불안을 느끼고 있었습니다. 왜냐하면 어떤 생활 방식을 선택해야 좋을지, 어떤 경력을 쌓아가야 좋을지 참고할 만한 전례가 없기 때문입니다.

지금까지의 삶은 선택할 기회조차 없었는데, 갑자기 '무엇이든 선택할 수 있는' 자유가 들이닥친 것입니다. 모든 것을 마음대로 선택할 수 있다는 것은 선택지와 선택의 타이밍이 늘어나고, 선택할 때 신경 써야 할 사람도 늘어난다는 뜻입니다.

참고할 만한 과거의 전례도 없고 자유롭게 선택했던 경험도 적은 우리가 수많은 선택의 기회와 수많은 선택지, 그리고 다양한 요소가 얽혀 있는 복잡한 선택을 갑작스럽게 강요당하는 셈입니다.

게다가 문제를 더욱 어렵게 하는 것은 '결혼하고 아이가 생기면 일을 그만두는 게 좋지 않을까?', '집안일과 육아는 여성이 더 잘하니까'라는 식의 예전 통념이 아직도 완전히 사라지지 않았다는 사실입니다.

아직도 매일 청소하고 빨래하고 장 보는 일은 주로 여성이 합니다. 어떤 식재료를 고르고, 어떤 치약을 사고, 어떻게 아이를 돌보거나 가르치고, 어떻게 아이의 건강을 체크할지 등 가족과 관련된 선택은 오늘날의 사회에서도 아직 여성이 많은 부분을 담당하는 실정입니다. 현재도 여성이 집안일을 하는 시간은 남성보다 약 세 배 더 많다고 합니다.[2] 우리가 정말로 하고 싶은 일을 선택할 때, 그런 케케묵은 통념에 부딪혀 싸우기도 합니다.

다시 말해, 여성이 무언가를 선택할 때는 남성보다 더 많은 에너지가 필요하다는 뜻입니다. 그러므로 매일같이 거듭되는 선택에 지쳐버리기도 합니다.

| 여성에게만 닥치는 일이 선택을 어렵게 만든다 |

우리는 꿈을 향해 나아가거나 업무 경력을 쌓는 동시에 '여성에게만 닥치는 일'에 관해서도 늘 고민하면서 인생을 만들어나가야 합니다. 여성 특유의 호르몬인 '여성호르몬'이 우리 몸에 큰 영향을 끼치고, 그에 따라 일상과 인생의 선택에도 지대한 영향을 주기 때문입니다.

여성호르몬은 건강, 심리, 아름다움 등 여성의 모든 것을 관장합니다. 임신, 출산에 대한 여성호르몬의 작용은 그 정점이라고 할 수 있습니다. 그뿐만 아니라 여성호르몬의 변화에 의해 몸과 마음이 흔들리기도 합니다.

예를 들어 생리 전후에 나타나는 생리통이나 월경전증후군으로 고통받는 사람이 많습니다. 사람에 따라서는 30대 후반부터 초조함, 건망증, 어깨 결림, 컨디션 난조 등의 유사 갱년기 증상을 호소하기도 합니다. 더욱이 폐경과 함께 노화 징후가 여실히 드러나기 시작하는 갱년기는 약 10년 동안이나 지속됩니다.

몸과 마음이 모두 건강하다면 별 고민 없이 선택할 수 있는 사항에 관해서도 몸이 안 좋거나 머리가 잘 돌아가지 않거나 불안이 커지거나 자신감이 없으면, 선택하지 못하거나 선택한 것을 또 고민하게 되기 마련입니다. 이처럼 선택하는 것 자체를 어렵게 느끼는 경우도 많습니다.

더욱이 결혼, 임신, 출산 등 인생의 굵직한 사건을 어떻게 선택하느냐에 따라 업무와 생활에 커다란 변화가 생깁니다. 일단 '결혼할지 말지'부터 '아이를 낳을지 말지', '아이를 낳은 후 언제 직장에 복귀할지', '어린이집은 어떻게 할지' 등에 이르기까지 어느 것을 어떻게 선택하느냐에 관한 고민은 끊이지 않습니다. 그 선택지는 모두 업무에 영향을 끼칩니다.

물론 남성 역시 힘든 선택들과 수없이 싸웁니다. 하지만 물리적인 몸의 변화가 심한 여성은 인생에서 이따금 중요한 것을 포기하면서까지 자신의 몸을 최우선시해야 해야 하는 타이밍이 자주 찾아옵니다. 특히 임신과 출산은 여성의 몸에 가해지는 매우 커다란 변화입니다. 그러므로 현재 단계에서 여성은 남성보다 선택이 복잡해지는 양상이 더욱 크다고 할 수 있습니다.

| 적극적인 선택으로 불안한 미래를 밝은 미래로 |

지금 시대에는 더 이상 사회 시스템과 가치관의 미래를 예측할 수 없습니다. 시대 변화의 파도는 앞으로 점점 거세질 것입니다.

연금 수급 연령이 상향되고, 그에 따라 정년도 높아져서 우리가 일하는 기간은 훨씬 길어질 것 같습니다. 정말로 연금을 받을 수 있을지에 대한 불안도 커집니다. 일본 여성의 평균수명은 87세(2016년 조사)이지만, 건강수명은 74세(2013년 조사)이기 때문에 오래 산다고 행복한 것은 아니라는 점도 예측할 수 있습니다.

더욱이 로봇이나 인공지능이 상용화되는 시대가 되면서 지금까지와는 생활 스타일과 업무 방식과 인간관계도 완전히 다른 세상으로 돌입할 것입니다.

그런 변화가 머지않아 닥쳐올 것이라는 실감이 들지 않을지도 모릅니다. 이렇게 말하는 저 역시 얼마 전까지만 하더라도 '이래저래 떠들고는 있지만, 아마도 그런 변화는 먼 훗날의 일일 거야'라고 무심코 생각했습니다. 그러나 결코 그렇지 않습니다. 겨우 몇 년 앞의 일이라고 해도 과언이 아닙니다.

불과 몇 년 사이에 유선전화는 휴대전화로, 더 나아가 스마트폰으로 대체되었습니다. 유선전화 자체의 점유율도 감소했습니다. 이처럼 물건 자체와 소유에 대한 가치관도 과거와는 완전히 달라졌습니다. IT의 발전 덕분에 언제 어디서 누구와도 일할 수 있게 되었고, 거주지나 업무 방식에 대한 가치관도 변화했습니다. 더욱 자유롭고 밝은 미래가 될 것이라고 말하고 싶지만, 반면에 전 세계적으로 경쟁이 치열해지고 나라의 미래가 흔들릴 가능성도 있습니다.

다시 말해 '성가신 노동이나 분주한 시간에서 벗어나 오래 살면서 하고 싶은 일을 마음껏 할 수 있는 멋진 미래'라는 밝은 시나리오도 그릴 수 있지만, '일자리가 사라지고 남들과의 대화가 줄어들고 몸과 마음이 피폐해지고 고독한 노후를 보내는 어두운 미래'라는 암울한 시나리오도 있을 수 있습니다.

이처럼 생활 방식이 양극화되고 격차가 벌어지는 사회 변화가 곧 닥쳐올 것입니다. 린다 그래튼(Lynda Gratton)은 양극화되는 밝은 미래와 어두운 미래에 관해 업무 방식의 관점에서 묘사했습니다. 그녀는 저서 《일의 미래 *The shift*》에서 "지구 규모로 하층민과 자유인의 인생은 양극화된다. '막연히 맞이하는 미래'에는 고독하고 빈곤한 인생이 기다리며, '주체적으로 선택하는 미래'에는 자유롭고 창조적인 인생이 기다린다"라고 이야기했습니다.

즉, 이러한 명암을 가르는 것은 적극적으로 선택하는 능력입니다. 적극적으로 선택하지 않으면 원하는 물건이나 원하는 생활을 손에 넣을 수 없습니다. 어떻게 살아갈 것인지 또한 적극적인 태도로 직접 선택해야 합니다.

앞으로 요구되는 것은 '일과 삶의 균형'이 아니라, 일과 삶을 자기 나름대로 선택해가는 '일과 삶의 조정'입니다.

우리는 어떤 인생을 살아야 할까요? 각자 스스로에게 질문하면서 적극적으로 선택해야만 행복한 인생을 손에 넣을 수 있습니다. 선택 여하에 따라 인생이 양극화되는 '선택 격차의 시대'로 돌입했다고 할 수 있습니다.

누구나 선택하는 힘을 기를 수 있다

이 책의 목적은 '나답게' 행복한 인생을 살아가기 위해 선택하는 힘을 기르는 데 있습니다. 그리고 제대로 선택하는 힘을 길러서 일과 삶을 스스로 조정해가는 것도 목적입니다. 간단히 말해, 선택하는 힘을 길러 행복한 인생을 살아가자는 것입니다.

선택의 자유를 마음껏 누릴 수 있는 요즘 시대이기 때문에 우리는 더더욱 적극적으로 선택해야 합니다. 선택하는 것에 익숙해지고, 더 나아가 선택하는 힘을 익혀야 합니다.

제대로 선택하려면 사물의 본질과 장점을 파악하고 우리에게 '최선'이 무엇인지 꿰뚫어 볼 수 있는 눈이 필요합니다. 선택하는 데 자신감을 가져야 하는 것은 물론이고, 누구에게나 반드시 찾아오는 인생의 커다란 선택 타이밍에 주체적으로 임해야 합니다. 그것이 선택 격차 시대를 극복하는 비결입니다.

그러기 위해서는 나의 선택이 인생을 빛나게 해준다고 믿고, 그 방법을 차례차례 깨우쳐나가야 합니다. 그리고 그 방법을 습관화해야 합니다. '선택하는 힘을 익히는 것'은 이미 어른이 된 지금부터라도 늦지 않습니다. 당장 지금부터 선택하는 힘을 연마하겠다고 다짐합시다.

앞에서 우리가 하루에 70번이나 되는 선택을 한다고 언급했습니다. 지금까지 무의식적으로 대충 선택해왔다면, 앞으로는 의식적으로 매일 70번, 한 달에 2,100번, 1년에 2만 5,550번 적극적인 선택을 해봅시다. 적극적인 선택을 날마다 쌓다 보면 1년 후의 인생은 지금과 꽤 달라져 있지 않을까요?

무수한 선택 하나하나를 의식적이고 적극적으로 해나가면 분명히 행복으로 나아갈 수 있습니다. 행복은 '제대로 선택하기'로부터 시작됩니다.

선택이 그 사람의 인생을 만듭니다. 그렇다면 지금의 자신을 만들어온 것은 자신이 지금까지 해온 선택들이라고 할 수 있습니다. 앞으로의 '나'와 '내 인생'도 지금 어떤 선택을 하느냐에 따라 달라집니다. 여러분이 모두 자신의 미래를 행복하게 만드는 선택을 했으면 좋겠습니다.

'제대로
선택하는 마인드'
갖추기

기회가 아니라
선택이 인간의 운명을
결정한다.

— 발타사르 그라시안(철학자, 신학자)

'내가 선택한다'고 마음먹는다

스스로 의식해서 선택하느냐 아니면 무의식적으로 선택하느냐에 따라 밝은 미래와 어두운 미래로 나뉩니다. 그러므로 선택하는 힘을 길러서 제대로 선택하고 밝은 미래로 나아가는 것이 중요합니다.

이번 'STEP 1'에서는 선택을 제대로 하기 위한 마인드를 소개하겠습니다.

일단 우리는 선택하는 데 적극적이 되어야 합니다. 그리고 그 선택의 효과를 믿어야 합니다. 선택하는 게 서툴고 무섭고 익숙지 않아서 가능하면 선택하고 싶지 않고 누군가가 대신 선택해주기를 바라는 소극적인 마음을 품고 있다면, 오늘부터라도 당장 마음가짐을 바꾸기 바랍니다.

스스로 선택할수록 행복이 늘어난다

여기서 짚고 넘어가야 할 점은 '스스로 선택하는 것만으로도 우리는 행복해진다'는 사실입니다. 선택이라는 행위는 인간의 본능이며, 스스로 선택하면 우리는 행복을 느낍니다. 그 사실을 뒷받침해주는 연구를 몇 가지 소개하겠습니다.

첫째, 선택이라는 행위를 할 때 뇌의 어느 부분이 활성화되는지에 관한 연구[3]입니다.

사람이 무언가를 선택할 때 가장 활성화되는 부위는 '대뇌변연계'입니다. 대뇌변연계는 뇌의 진화 역사에서 초기에 만들어진 뇌 부위이며, 살아가기 위해 필요한 본능이나 감정을 관장합니다. 다시 말해, 선택한다는 행위는 호흡하거나 쾌감을 느끼거나 음식을 섭취하는 것과 같이 인간이라면 누구나 갖추고 있는 본능적인 능력이며, 누구나 태어날 때부터 당연히 할 수 있는 일입니다.

둘째, '사람에게는 선택하고자 하는 욕구가 있다'는 사실을 알려주는 실험*4도 있습니다.

생후 4개월 된 아기를 대상으로 실시한 이 실험에서는 우선 아기의 손에 끈을 묶습니다. 그리고 아기가 끈을 잡아당기면 편안한 음악이 흐르는 장치를 설치합니다. 그러면 아기는 편안한 음악을 듣기 위해 끈을 잡아당기게 됩니다.

그 후 끈을 풀고 불규칙한 간격으로 음악을 틀어줍니다. 그러면 아기는 음악이 흐르는 타이밍을 더 이상 스스로 선택할 수 없게 됩니다. 그러자 아기는 편안한 음악이 흐르는데도 불구하고 울상을 지었다고 합니다.

이 실험의 결과, 아기는 편안한 음악을 듣고 싶어 했을 뿐 아니라 음악을 들을지 말지까지 스스로 선택하려는 욕구를 보였다는 사실을 알 수 있었습니다. 즉, 사람은 선택하는 능력이 있을 뿐 아니라 스스로 선택하고 싶어 하는 욕구도 지니고 있다고 할 수 있습니다.

셋째, '스스로 선택하는 게 행복하다'는 사실을 알 수 있는 실험*4도 있습니다.

뇌에는 보상을 받으면 반응하는 신경세포가 있습니다. 이 실험에서는 누군가에게 일방적으로 보상을 받았을 때(스스로 보상을 선택하지 않았을 때)와 스스로 보상을 선택했을 때의 반응을 살펴보았습니다. 그 결과, 완전히 똑같은 보상을 받는데도 불구하고 스스로 그 보상을 선택했을 때 뇌에서 더욱 기뻐하는 반응을 보였습니다. 따라서 우리는 일방적으로 보상을 받기보다는 그 보상을 스스로 선택해야 행복하다는 사실을 알 수 있습니다.

마지막으로 '선택하면 행복해진다'는 사실을 증명한 심리학자의 실험[*5]을 살펴보겠습니다.

65세부터 90세까지의 요양 시설 입소자를 A그룹과 B그룹으로 나누었습니다. 두 그룹은 모두 시설 내를 자유롭게 돌아다니면서 영화를 보거나 꽃을 가꾸었습니다. 두 그룹의 일상생활은 아무런 차이도 없었습니다. 간호사들도 두 그룹을 똑같이 돌보았습니다.

다만, 한 가지 다른 점이 있었습니다. A그룹에는 하루의 일과에 대해 "오늘은 영화를 보는 날입니다"와 같이 결정 사항으로 통보했고, B그룹에는 "오늘은 영화를 봐도 됩니다"와 같이 선택 사항으로 통보했습니다. 즉, A그룹과 B그룹의 차이는 '스스로 하루의 일과를 선택할 수 있느냐 없느냐' 하는 의식의 차이뿐이었습니다.

3주일 후에 조사해봤더니, 하루의 일과를 선택하지 못하는 A그룹은 건강 상태가 나빠진 입소자가 70퍼센트 이상 되었습니다. 한편, 하루의 일과를 선택할 수 있는 B그룹은 A그룹보다 생활 만족도가 높고 활기가 넘쳤습니다. B그룹의 입소자는 다른 입소자와 왕성하게 교류했고, 건강 상태가 좋아진 입소자도 90퍼센트 이상이었습니다. 또한 6개월 후의 조사에서는 B그룹의 사망률이 낮아진 사실도 밝혀졌습니다.

어떤가요? 이처럼 우리는 누구나 선택하는 재능을 갖추고 있습니다. 무엇이든 마음껏 선택해도 괜찮습니다. 선택하면 할수록 마음이 설레고, 상을 받은 것처럼 기쁘고, 건강해지고, 행복하게 살 수 있기 때문입니다.

내 인생의
주인이 된다

저는 예전에 선택하는 데 매우 서툴렀습니다. 어렸을 때부터 "뭘 먹고 싶니?", "어떤 게 좋니?"라는 질문에 항상 "아무거나 괜찮아"라고 대답했습니다. 스스로 전혀 선택하지 못했던 것입니다. 그도 그럴 것이 정말로 아무거나 괜찮았기 때문이지요.

그랬던 제가 지금은 일상생활에서나 직장에서나 선택하는 데 머뭇거리는 일이 거의 사라졌습니다. 회사의 방침에 관해 스스로 선택하는 것은 물론이고, 저에게 컨설턴트 업무를 의뢰해주는 기업의 전략적 선택에 관해서도 조언해주고 있습니다. 심지어 남편이나 아이들의 개인적인 선택까지 제가 대신 해주고 있습니다.

이렇게 선택하는 데 머뭇거리지 않게 된 계기는 어느 날 문득 찾아온 '깨달음' 때문이었습니다.

｜ '남들 때문에'라는 생각에서 벗어나자 ｜

저는 선택하는 데 서툴러서 아예 선택하고 싶어 하지 않았습니다. 당연히 선택을 강요당하는 상황에서는 남들보다 훨씬 민감해졌습니다.

태어나서 처음으로 '선택'을 의식하기 시작한 것은 유치원에 다닐 때였습니다. "이다음에 커서 뭘 하고 싶니?"라는 질문에 망설임 없이 "쿠키 가게 주인요", "전철 운전사가 될래요"라고 대답하는 친구들을 보고 저는 주눅이 들었습니다. '아무것도 못하는 아이'로 낙인찍히는 듯한 기분이었습니다. 선택한다는 것은 저에게 서툰 일일 뿐 아니라 더 나아가 고통이었습니다. 공포스럽기까지 했습니다.

제가 '선택'이라는 행위를 더욱 힘들게 여기게 된 것은 중학교 때였습니다. 제가 중학생이 되자 어머니는 갑자기 "앞으로는 네가 스스로 생각해서 결정해. 네 의견을 존중할 테니까. 그 대신에 스스로 선택한 일에 대해서는 스스로 책임져야 해"라고 말씀하셨습니다.

원래 제 부모님은 자식에게 잔소리를 늘어놓는 유형이 아니었고, 자유방임주의로 아이를 키웠습니다. 그런 부모 밑에서 자란 저는 중학생이 되자마자 '자유롭게 선택할 수 있는 권리'가 하늘에서 뚝 떨어진 셈이었습니다.

'중학생인 내가 스스로 내 인생을 책임지라고?'

저는 그런 생각이 들어 망연자실해졌습니다. 망설이고 고민한 끝에 제가 취한 행동은 무의식중에 부모님의 눈치를 살피는 것이었습니다. 스스로 선택하기가 아직 버거운 나이였던 저는 부모님이 내심 저에게 원하는 일이 무엇인지 살피고, 부모님이 원하는 대로 행동하게 되었습니다.

이러한 저의 '선택'으로 별 탈 없이 10대 시절을 보냈습니다. 하지만 스스로 자신의 행위를 선택한다고 믿으면서 부모님 뜻대로만 살아가는 저의 모순을 20대에 들어서 깨달았습니다.

저는 20대 초반에 연애하던 남자 친구와 결혼까지 생각하고 있었습니다. 그런데 부모님이 그 사람과의 연애를 크게 반대해서 큰 싸움이 벌어졌습니다. 지금까지 제 선택을 부모님이 모두 받아들여주었다고 믿었는데, 실제로는 부모님이 원하는 대로 제가 행동해왔을 뿐임을 깨달은 것입니다. 그때까지 제 스스로 선택해왔다고 믿은 것은 모두 부모님, 특히 어머니가 바라던 '착한 아이', '자랑할 만한 아이'가 되기 위한 것이었습니다.

그때부터 저는 제 인생에서 잘못된 것들을 모두 어머니 탓으로 돌리기 시작했습니다. 제가 학창 시절에 따돌림을 당했던 것도, 이렇게 업무가 힘든 것도, 결혼하지 못하는 것도 전부 어머니가 원하는 대로 행동해온 탓이라고 생각했습니다. 부모님에 대한 반발과 제 인생에 대한 회의가 생겨나서 그때까지 해왔던 제 선택들은 물론, 저 스스로에 대해서도 긍정할 수 없게 되었습니다.

선택을 두려워해서 선택하지 못하고, 선택하지 못해서 더 선택이 두려워지는 악순환에 빠져버린 것입니다. 진학, 취직, 이직, 연애, 교우 관계 등 그때까지 선택해온 것 중에는 좋은 선택도 많았을 텐데, 늘 마음속 어딘가에서 자신감이 없고 손해 보는 듯한 기분이 되었습니다. 세상에서 나만 불행한 사람인 듯한 울적한 마음으로 가득했고, 앞으로 행복을 느끼기는 다 틀렸다고 생각했습니다.

그리고 30대 초반이 되었습니다. 과도한 업무에 쫓겨 몸이 망가지는 바람에 장기 요양이 필요해졌고 어쩔 수 없이 회사를 그만두었습니다. 다 큰 딸이 결혼도 하지 않은 채 부모님에게 의지

할 수도 없는 노릇인 데다, 유일하게 비빌 언덕이었던 일자리마저 사라지자 저는 어떻게 살아가야 할지 막막해졌습니다. 삶의 밑바닥으로 굴러떨어진 듯한 기분이었습니다.

그런데 그런 밑바닥에서 저를 구해준 것은 '선택'에 관한 깨달음이었습니다. 밑바닥으로 떨어졌을 때 문득 이런 생각이 들었습니다. 지금 내 인생의 모든 것은 내가 지금껏 선택해온 결과라고. 어머니가 바라던 인생을 선택해온 것도 나 자신이라고 말입니다.

저는 어머니에게서나 그 누구에게서나 '이것을 선택해야 한다'라는 식의 강요를 받은 적이 없습니다. 어머니의 반대에 부딪혀도 어머니의 의견에 따르지 않고 제 의견을 관철한다는 선택지도 있었습니다. 주변의 기대에 부응한 것은 제 자신이 선택한 일이었습니다. 아무리 그것이 무의식적인 선택이었다 하더라도 말이지요.

그런 생각이 들자 저는 지금껏 남들 탓이나 운명 탓을 하며 고된 현실에서 도망치려고 했다는 사실과 마주했습니다. 그리고 '지금까지의 인생은 내가 선택한 결과이며, 모든 것은 내 책임이다'라고 인정할 수 있게 되었습니다. 지금까지 해온 제 인생의 모든 선택을 난생처음 그대로 받아들일 수 있게 되었습니다.

그러자 앞으로 펼쳐질 제 인생은 180도 달라졌습니다. 지금까지의 인생이 제가 선택한 것이라면, 앞으로의 인생도 제가 선택하면 된다는 사실을 깨우친 것입니다. 그때부터 제 미래가 활짝 펼쳐진 듯한 기분이 들었습니다.

| 내 인생은 나의 것 |

저는 업무를 통해 '선택하는 힘'을 키웠습니다. 업무에서는 선택해야 할 일이 수두룩하므로 업무 중에 다양한 선택에 에너지를 쏟다 보면 '선택하는 힘'이 자연스럽게 발달하는 법입니다.

하지만 일하는 여성이 모두 선택하는 데 능숙한 것은 아닙니다. 업무상의 선택은 잘하는 사람이라도 일상생활에 대한 선택은 서툰 사람이 많습니다. '퇴근하고 집에 돌아와서까지 선택을 강요당하고 싶지 않다'면서 선택의 스위치를 톡 꺼버리는 경우가 많기 때문일 것입니다. 이는 과거의 저를 비롯해, 기업 연수를 통해 접해온 일하는 여성들에게서 숱하게 찾아볼 수 있는 현상입니다.

그 이유는 자신의 인생에 대한 '주인 의식'이 부족하기 때문입니다. 주인 의식은 '내 인생은 나의 것'이라는 의식이며, '당사자 의식'이라고 바꿔 말할 수도 있습니다.

오로지 나만이 내 인생의 주인이며, 책임자이며, 소유자입니다. 일은 대신 해줄 사람이 얼마든지 있습니다. 여러 사람이 한 팀을 이뤄 일을 추진해나갈 수도 있습니다. 하지만 자신의 인생은 누가 대신 살아줄 수 없습니다.

물론 도와주는 사람, 협력해주는 사람, 함께 걸어가주는 사람, 내 인생에 깊이 관련을 맺어주는 사람이 있을 수는 있습니다. 하지만 그뿐입니다. 남들이 내 인생 자체를 대신 살아주지는 않습니다. 내 인생을 사는 사람은 오직 나뿐입니다.

나 이상으로 내 인생을 진지하게 생각해주는 사람은 없습니다. 그러므로 일할 때만 진지하게 선택하지 말고, 일상생활에서도 진지하고 꼼꼼하게 자신이 원하는 행복을 향해 자신의 인생을 선택합시다. 내 인생의 주인으로서 다른 그 무엇보다 내 인생을 소중히 여기고 책임지고 운영해나갑시다.

리더십을
발휘한다

앞에서는 인생의 주인으로서 내 인생을 책임져야 한다고 말했습니다. 그렇다면 누가 나를 행복하게 해줄까요? 그 답도 물론 '나'입니다.

요양 시설에서 자신의 일과를 스스로 선택한 사람들이 행복해졌다는 실험에 관해 앞에서 소개한 바 있습니다. 《나는 후회하는 삶을 그만두기로 했다 *The Art of Choosing*》의 저자 쉬나 아이엔가(Sheena Iyengar)는 이 실험의 교훈을 다음과 같이 평가했습니다.

"아무리 사소한 선택이라도 빈번하게 한다면 '스스로 환경을 통제한다'는 의식을 의외로 훨씬 높일 수 있다."

"우리가 선택이라고 부르는 것은 자기 자신이나 혹은 자신이 놓인 환경을 자신의 힘으로 바꾸는 능력이다."

선택한다는 것은 무언가를 개선하는 동시에 스스로도 개선되는 일입니다. 적극적으로 선택하는 행동은 지금 내가 있는 장소를 더욱 편안하게 만들고, 미래를 더욱 멋진 곳으로 바꾸는 힘이 있습니다.

지금부터는 환경 탓, 과거 탓, 남들 탓, 운명 탓을 그만두기 바랍니다. 그 대신에 스스로 개선할 수 있는 것이라면 적극적으로 개선해가기 바랍니다.

당장에 바꿀 수 없다면 일단 사고방식부터 바꾸기 바랍니다. 사실 이것은 '리더십' 행동의 첫걸음입니다. 리더십이라는 말을 들으면 깃발을 들고 선두에 서서 사람들을 이끄는 거창한 역할을 상상하기 마련입니다. 그래서 자신은 리더가 될 만한 재목이 아니라며 주저하는 사람도 많습니다. 하지만 여기에서 제가 말하는 리더십은 어떤 형태로든 '주위에 영향력을 발휘하는 행동'입니다. 즉, 성과나 성장에 영향을 미치거나 혹은 공헌하는 행동을 취하는 것 자체가 리더십을 보여주는 것입니다.

선택이라는 행동은 인생의 온갖 것에 영향을 끼칩니다. 그러므로 선택은 훌륭한 리더십의 발현입니다.

나를 행복하게 만들 수 있는 사람은 나뿐이다

내 인생에 가장 영향력 있는 사람, 즉 내 인생의 리더는 '나'입니다. 결혼할 때도 '내 인생의 리더는 나다'라는 마음가짐이 중요합니다. 제 사례를 소개해보겠습니다.

저는 '직장만큼 가정도 소중하다'라고 제 인생의 행복에 관한 생각을 고쳐먹었을 때 결혼하기로 결심했습니다. 노후에 혼자 사는 것도 외로울 것 같았습니다.

이전까지는 결혼에 대해 '결혼할 수 있으면 좋고 아니면 말고', '과연 좋은 사람이 나타나 나를 행복하게 해줄까?'라는 식으로 남 이야기처럼 생각했습니다. 하지만 결혼하기로 결심한 이후로는 '사랑하는 사람과 살아야지', '결혼해서 행복해져야지'라는 식으로 '내 인생을 스스로 행복하게 만들어야겠다'고 의식을 바꾸게 되었습니다.

그래서 좋은 사람을 찾기 위해 애쓰기 시작했고, 단체 미팅에 꼬박꼬박 참석했습니다. 하지만 저에게 연락처를 물어오는 남자가 없었습니다. 저는 남자들에게 그다지 인기 있는 여자가 아니었습니다.

그런 상황을 타개하고자 행동을 더욱 적극적으로 바꾸었습니다. 상대방의 행동을 기다리는 수동적인 자세에서 탈피하고, 제가 실현하고자 하는 목표를 달성하겠다는 자세를 취했습니다. 이 책 'STEP 3'에서 이야기하는 '논리적 선택력'을 활용해 괜찮은 남자들을 추리고 선택지를 좁혔습니다.

그 결과, 남자 친구도 없으면서 '결혼하겠다'고 과감히 선언한 지 8개월 만에 혼인신고를 하는 데 성공했습니다. 그리고 그 선택으로부터 12년이 지난 지금까지도 행복한 결혼 생활을 쭉 유지하고 있습니다.

제 강좌를 수강하는 한 여성의 사례를 소개하겠습니다. 그 여성은 지금까지 '열심히 일하면 반드시 보상받는다'고 믿었다고 합니다. 결혼도 하고 싶고 사업도 하고 싶었지만, 주변 사람에게 그런 이야기를 하면 항상 '지금 하고 있는 일부터 제대로 하고 나서 결혼이나 사업을 꿈꿔야 한다'라는 말을 들었다고 합니다. 그래서 그녀는 그 말만 믿고 지금 하는 일에만 열심히 몰두했습니다.

하지만 어느 날 문득 그녀는 자기 뜻대로 살아보고 싶어졌습니다. 자기 인생의 리더로서 자기 인생을 적극적으로 선택하자고 의식을 바꾸었고, 이후로 모든 것이 변했습니다. 스스로 선택하는 것이 얼마나 중요한지 깨달은 것입니다.

눈앞의 일에만 몰두하거나 어떤 일이 일어나기를 수동적으로 기다리기만 하면 기회는 찾아오지 않습니다. 자신이 스스로 선택해서 나아가야만 기회를 잡을 수 있는 것입니다. 그녀는 그렇게 생각하자마자 결혼 정보 회사에 찾아갔고, 업무상으로도 독립을 준비하기 시작했습니다.

그녀는 그 후 7개월 만에 결혼했습니다. 그와 동시에 지금까지의 경험을 살려 자신이 좋아하는 분야에서 창업했고, 금방 안정을 취할 만큼 수익을 올리기 시작했습니다. 자신의 인생에 리더십을 발휘하겠다고 의식을 바꾸는 것 하나만으로도 인생이 한꺼번에 달라지기 시작한 것입니다.

인생의 마지막 순간을 맞이하는 사람이 '살아생전 조금 더 행복한 일을 해볼걸 그랬어'라며 후회하는 경우가 많습니다. 우리는 자신을 행복하게 만들기 위해 무엇을 선택하면 좋을까요?

우리에게는 스스로 변화하는 힘이 있습니다. 자신의 인생, 일상생활, 직장 생활을 더욱 개선하기 위해 의식적이고 적극적으로 선택해나가기 바랍니다. 리더십을 발휘해서 '나'를 행복하게 만듭시다.

나는 무엇을
원하는가?

무언가를 선택한다는 것은 무언가를 손에 넣고 싶다는 뜻입니다. 손에 넣고 싶은 물건, 손에 넣고 싶은 감정, 손에 넣고 싶은 순간, 손에 넣고 싶은 정보, 손에 넣고 싶은 사람, 손에 넣고 싶은 돈⋯⋯.

'나는 무엇을 원하는가? 왜 원하는가? 그것은 꼭 필요한가? 그것이 있으면 어떤 좋은 점이 있고, 없으면 어떤 불편함이 있는가?'

이러한 질문을 던져보고 '나는 무엇을 원하는가?＝목적'을 확실히 정해야 합니다. 이것이야말로 '선택 달인 마인드'의 가장 중요한 기본입니다. 목적이 확실하면 무엇을 선택해야 좋을지 80퍼센트는 결정된 것이나 다름없습니다. 아주 간단한 사례를 들어보겠습니다.

당신이 문득 '카페에 들어가고 싶다'고 생각했다고 합시다. 이때는 카페에 들어가려는 목적, 즉 '나는 무엇을 원하는가?'에 관해 생각합니다.

영업하러 돌아다니느라 지쳤기 때문에 한시라도 빨리 카페에 들어가 쉬고 싶은 것인가요? 카페에 앉아 전부터 읽으려고 했던 책을 읽으면서 여유로운 시간을 보내고 싶은 것인가요? 구수한 커피와 함께 달콤한 케이크를 먹고 싶은 것인가요? 빈 시간을 활용해 노트북을 펼치고 일하고 싶은 것인가요? 수첩이나 노트에 무언가를 적으면서 앞으로의 계획을 생각하고 싶은 것인가요?

이러한 '목적'을 확실히 정하지 않은 상태로 아무 생각 없이 눈앞에 있는 아무 카페에나 들어간다면, 왠지 돈과 시간을 낭비하는 듯한 허무한 기분만 듭니다. 하지만 카페에 들어가려는 목적을 확실히 알고 있다면, 휴대전화로 주변 카페를 여러 곳 검색하고 목적에 맞는 카페를 합리적으로 고를 수 있습니다.

'선택 달인 마인드'는 '나는 무엇을 원하는가?'에서 크게 벗어나지 않습니다. 목적만 이루어진다면 어느 것을 선택하느냐는 그다지 중요하지 않습니다. 목적을 이루는 것이 모든 선택의 본질입니다.

선택의 여정이 아무리 복잡하더라도 목적만 확실하다면 헤맬 일이 없습니다.

좋은 선택지를
만들겠다는 의식

'선택 달인 마인드'에 입력해두어야 할 또 다른 중요 요소는 '좋은 선택지'를 만들어두는 것입니다. 좋은 결과는 좋은 선택지에서 나오는 법입니다. 즉, 좋은 선택지들만 갖춘다면 어느 것을 선택하든 좋은 결과가 나올 수밖에 없습니다.

이는 제가 알고 있는 한 경영자에게서 배운 사고방식입니다. 그는 다음과 같이 말했습니다.

"일이 항상 잘될 수는 없습니다. 일이 잘 풀리지 않을 때는 이렇게 생각해봅니다. '더 좋은 선택지는 없을까?'라고. 제가 고른 선택지를 부정하는 게 아닙니다. 그냥 선택지가 나빴을 뿐이지요. 그러니 더 좋은 선택지를 고르면 되는 겁니다. 그리고 애초에 좋은 선택지만 있었다면 선택을 망설일 필요도 없었겠지요. 왜냐하면 어느 것을 선택하든 다 좋은 결과가 나올 테니까요. 그러므로 저는 항상 좋은 선택지를 갖추려고 노력합니다. 만약 결과가 좋지 않으면 더 좋은 선택지를 만들려고 하지요."

실로 반박하기 힘든 말입니다. 이후로 저는 매일같이 좋은 선택지를 갖추기 위해 의식적으로 노력하고 있습니다.

예를 들어 저는 다음과 같은 고민 상담 요청을 자주 받습니다.

"일을 그만두고 유학을 가고 싶은데, 벌써 30대여서 일을 그만두기가 두려워요. 너무 꿈만 좇아서는 안 되겠지요?"

"지금 다니는 직장에서는 제 개성을 발휘하기가 힘들어요. 하지만 이 나이에 이직할 수도 없고……."

"하고 싶은 일이 없는 건 아니에요. 하지만 제가 하고 싶은 일을 갑자기 시작할 자신감도 없고……. 지금의 생활을 유지하고 싶기도 하고……."

"회사에서 더 활약해서 승진을 노려보라는 말을 자주 듣지만, 결혼한 지 얼마 안 되었고 아이도 낳아야 해서 망설여집니다."

이처럼 많은 사람들은 새로운 진로로 나아가지 못하는 이유를 '내가 결단하지 못해서'라고 이야기합니다. 갑자기 커다란 변화를 일으키는 결단을 내리려면 분명히 용기가 필요합니다. 이때 다양한 '선택지'로 눈을 돌려보면 어떨까요?

우리는 항상 양자택일을 하려는 경향이 있습니다. 예를 들어, 회사에서 승진을 노린다고 해서 '아이를 낳는다'와 '아이를 낳지 않는다' 중에 하나를 꼭 선택해야 할까요? 지금 직장에서 개성을 발휘하기 힘들다고 해서 '꾹 참고 회사를 다닌다'와 '이직한다' 외의 선택지는 없는 것일까요? 유학을 떠나기 위해 '회사를 그만둔다'라는 선택지 외에 다른 좋은 선택지는 없을까요?

지금 눈앞에 보이는 것만이 가능한 모든 선택지라고는 할 수 없습니다. 눈앞에 있는 선택지를 선택할지 말지 열심히 고민해본들, 그것이 애초에 좋은 선택지가 아니라면 쓸데없는 고민일 뿐입니다.

일단 '나는 무엇을 원하는가?=목적'을 곰곰이 생각하고, 그 목적을 이루어주는 자신만의 '최선'에 해당하는 선택지를 신중히 만들어내는 것이 중요합니다.

지금 눈앞에 있는 것만을 고르는 것이 결단의 전부가 아닙니다. 따라서 결단하는 데 자신감이 없더라도 괜찮습니다. 항상 좋은 선택지를 만들어두면 된다는 마인드를 지니는 것으로 충분합니다.

선택의 마감 시간을
설정한다

마지막으로 잊어서는 안 되는 '선택 달인 마인드'를 설명하겠습니다. 어느 때라도, 어떤 선택에 관해서라도 '언제까지 선택할지' 기한과 마감일을 설정해두는 방법입니다.

선택에는 행동이 수반되어야 합니다. 그러므로 머릿속에서 '이렇게 해야지'라고 결정하는 것만으로는 선택했다고 할 수 없습니다. 우리는 행동이 중요하다는 사실을 알고 있으면서도 행동하기를 뒤로 미루려는 경향이 강합니다.

여기에서 질문을 하나 하겠습니다. 당신은 여름방학 숙제를 어떻게 끝내는 유형이었습니까? 여름방학 초에 숙제를 미리 다

끝내놓았습니까? 여름방학 계획을 세우고 계획대로 해나갔습니까? 계획대로 해나가다 도중에 계획이 흐트러지고 결국 마지막에 황급히 마무리했습니까? 아니면 처음부터 '마지막 날에 하면 되지'라는 마음으로 내팽개쳤다가 마지막 날에 몰아서 해버렸습니까?

어떤 유형이 옳다고 말하려는 것이 아닙니다. 어떤 유형이든 다 괜찮습니다. 왜냐하면 마감일을 잘 지켰다는 사실만큼은 모두 똑같기 때문입니다.

사람은 마감일이 명확하면 그때까지 어떻게든 해내는 존재입니다. 즉, 선택에 관해서도 '언제까지'라고 마감일을 설정하면 선택을 그때까지 제대로 할 수 있게 되는 셈입니다.

다만 인생에는 여름방학 숙제처럼 누군가가 정해주는 명확한 마감일이 반드시 존재하지는 않습니다. 그러므로 우리는 일상에서 선택이라는 행동을 망설이는 것입니다.

선택의 주제에 따라서는 '조금 더 기다리는 편이 좋을지도 몰라', '지금 기회를 놓치면 더 이상 기회가 없어'라며 선택의 타이밍을 고민하기도 합니다. 선택의 타이밍을 파악하려면 다음의 세 가지를 기준으로 삼는 것이 좋습니다.

1. 지금 선택하지 않으면 다음 스케줄에 영향을 끼칠 때

최종적으로 얻고자 하는 결과에 다다를 때까지의 과정을 세우고, 그로부터 거꾸로 계산해서 전체적인 선택의 스케줄을 정합니다. 전체 스케줄에 지장이 없도록 단계마다 선택의 마감일을 설정해서 지킵니다.

세부 단계의 계획이 하나 어긋나면 이후로도 전부 어긋나서 전체적으로 원하는 성과를 얻을 수 없습니다.

예를 들어 어느 학원에 등록하고 싶다면 강의 시작 전에 신청할 수 있도록 1주일 전에 체험 강의를 들어봐야 합니다. 또 체험 강의를 듣기 위해서는 2주일 전에 체험 강의 신청을 해야 합니다. 이런 식으로 최종적인 결과에서 거꾸로 계산해서 전체 스케줄을 짜면 됩니다.

2. 지금 선택하지 않으면 모든 상황이 죄다 나빠질 때

시간이 지날수록 상황이 더 악화된다면 지금 당장 선택해야 합니다. 위험한 물건을 곁에 두면 안 되는 것과 마찬가지로 위험한 상황을 뒤로 미루지 말고 얼른 처리해야 합니다. '조금 더 일찍 대응했다면 좋았을 텐데'라고 후회하는 일들이 너무나 많습니다.

예를 들어 몸 상태가 안 좋다고 느낄 때 병원에 가야 하는데도

너무 바빠서 병원을 찾지 못하거나, '뭔가 심각한 병이 발견되면 어쩌나?' 하는 두려움 때문에 진료받기를 미루기 십상입니다.

그러나 1년 후에 병원에 가서 큰 병이 발견되는 게 사실 더 두려운 일입니다. 얼른 병원에 가서 아무 병도 아님을 알아내는 편이 더 안심되고, 혹여나 병이 있더라도 조기에 발견하는 편이 앞으로를 위해 훨씬 낫습니다.

시간이 지날수록 상황이 나빠지거나 질이 떨어지거나 관계가 악화되는 경우에는 뒤로 미루지 말고 얼른 선택해버립시다.

3. 더 이상 기다려도 새로운 소식이 없을 때

앞으로 새로운 정보나 상황이 나타나지 않는다면 지금 선택하든 나중에 선택하든 선택의 결과에 아무런 차이가 없습니다. 그렇다면 뒤로 미루는 만큼 시간 낭비이기 때문에 지금 당장 선택해버리는 편이 낫습니다.

예를 들어 전기밥솥 A와 전기밥솥 B 중에서 하나를 고르려고 하는데 결정하기가 힘들다면 다음 신제품이 나올 때까지 반년이든 1년이든 기다린다는 선택을 할 수도 있습니다. 그러나 만약 전기밥솥이 고장 나서 곧바로 필요한 상황인데 내일 당장 신제품이 나오지 않는다면 오늘 선택하든 내일 선택하든 마찬가지입니다.

일상생활에서의 사소한 선택, 인생의 굵직한 선택, 업무상 중요한 선택 등 여러 가지 선택의 시기에 마감을 설정함으로써 제때에 선택할 수 있다면, 얻고 싶은 것을 확실히 선택할 수 있고 결과적으로 행복한 인생을 실현할 수 있습니다. 그리고 걸림돌 없이 앞으로 힘차게 나아갈 수 있게 됩니다.

선택은 아무 때나 해서는 안 됩니다. 선택은 시기적절하게 해야 합니다. 이것이 선택 달인 마인드의 마지막 요소입니다.

매일이 행복해지는
'정서적 선택력'
키우기

운명이란 우연의 문제가 아니라
선택의 문제다.
그것은 이루어지기를 기다리는 것이 아니라,
성취해내는 것이다.

— 윌리엄 제닝스 브라이언(정치가)

마음과 감각을 해방해서
정서적으로 선택한다

'STEP 1'에서는 선택 달인이 되기 위한 마인드를 마음속에 장착해보았습니다. 이제부터 드디어 실천편입니다. 먼저 인류가 태어날 때부터 지니고 있는 '본능적인 선택의 힘'을 살펴보겠습니다.

앞에서 설명했듯이, 인간이 선택이라는 행위를 할 때는 뇌 속의 대뇌변연계라는 부위가 활성화됩니다. 대뇌변연계는 살아가기 위해 꼭 필요한 본능이나 감정을 관장하는 부위입니다.

이 대뇌변연계의 커다란 역할은 '정서'입니다. 즉, 대뇌변연계는 의욕, 분노, 기쁨, 슬픔 등 유쾌와 불쾌의 감정을 관장합니다. 논리를 배제하고 충동적으로 선택하는 행동, 개인의 호불호에 의해 선택하는 행동 등은 이 대뇌변연계가 수행하는 것입니다.

흔히 '희로애락의 감정이나 감성보다는 논리적인 사고가 중요하다'라는 통념이 강합니다. 감정적인 사고나 행동보다는 이성적인 사고나 행동이 우월하다고 여겨지기도 합니다. 하지만 인간은 정서적인 부분을 무시하고 살아갈 수 없습니다. 대뇌변연계에 손상을 입은 사람은 일상적인 의사결정조차 하지 못한다는 연구 결과도 있습니다. 그만큼 정서는 중요합니다.

국립신경정신센터 신경연구소의 혼다 마나부(本田学)도 인터뷰에서 이렇게 말했습니다.

"고등동물이 판단을 내리는 기준 가운데 하나가 '정서'의 작용입니다. 정서는 진화 역사상 초기에 만들어진 뇌인 뇌간 부분에서 발생한다고 여겨집니다. 그것이 대뇌변연계에서 증폭되어 희로애락처럼 자각할 수 있는 '감정'이 됩니다. '이성'은 정서나 감정에 피드백을 가해 긍정적인 행동으로 이끌어주는 역할을 합니다. 따라서 '이성'은 어디까지나 정서나 감정의 보조적인 역할이라고 할 수 있습니다. (중략) 생물학적 관점에서 보면 정서는 생물이 생존하기 위해 빼놓을 수 없는 요소라고 할 수 있습니다."(『CATA-LYZER』 4호)

또한 '감각'이라는 기능도 중요합니다. 우리 인간은 오감을 통해 체내외의 정보를 뇌로 보냅니다. 그 정보에 관해 생물은 생명을 유지하기 위해 '유쾌/불쾌'라는 척도로 유해한지 무해한지 판단하고, 몸에 피드백합니다. 이처럼 오감 역시 정서와 마찬가지로 살아가기 위한 생물의 기본 작용입니다.

이야기가 약간 어려워졌지만, 제가 말하고자 하는 바는 제대로 선택하는 데 감정, 감성, 감각이야말로 가장 중요한 능력이라고 해도 지나친 말이 아니라는 점입니다.

'STEP 2'에서는 마음(감정, 감성)과 감각을 한껏 활용하는 '정서적 선택력'을 익혀보겠습니다. 살아가는 데 꼭 필요한 마음과 감각을 의식적으로 사용함으로써 선택하는 힘을 기를 수 있습니다.

정서적 선택력을 활용하면 누구나 곧바로 일상적인 행복으로 이어지는 경쾌한 선택을 할 수 있게 됩니다. 이 정서적 선택력은 기본적으로 일상생활 속의 사소한 선택이나 개인적인 작은 선택을 할 때 어울립니다. 물론 이따금씩은 인생을 이끌어주는 커다란 힘을 발휘할 수도 있습니다.

하지만 인생의 중요한 타이밍에서 이 정서적 선택력만을 사용해 선택하는 것은 약간 위험합니다. 장기적이거나, 복잡한 사정이 얽혀 있거나, 주변에 영향력이 큰 선택을 할 때는 'STEP 3'에서 설명하는 '논리적 선택력'을 사용해야 합니다.

'좋아한다'는
감각을 깨운다

제대로 선택하기 위한 초급 단계로서, 자신의 마음속에서 좋아하는 것을 중심으로 선택하는 정서적 선택력을 살펴보겠습니다.

당신은 '자신이 좋아하는 것'이 무엇인지 알고 있나요? 자신이 좋아하는 것을 10초 안에 몇 개나 댈 수 있나요?

사실 자신이 좋아하는 것을 알고 있고 느끼고 있는 사람은 의외로 적습니다. 어른이 되어 경험과 지식이 늘어남에 따라 '생각'이 많아지기 때문입니다. 생각이 많아지면 무언가를 '좋아한다'고 충동적으로 생각하기 전에 머리가 먼저 작동하게 됩니다. '케이크를 좋아하지만 건강에 나쁠 것 같아', '저 자동차가 마음에 들지만 조금 비싸'라는 식으로 자신이 좋아하는 것들에서 부정적인 요소를 발견하거나, 비판적으로 생각하거나, 논리를 들이대기 십상입니다. 평상시에 '생각'하는 것에 익숙한 우리는 '좋아한다'거나 '싫어한다'는 근원적인 감정에 대해 둔감해졌는지도 모릅니다.

제가 예전에 제대로 선택하지 못했던 가장 큰 이유도 이처럼 좋아하는 게 별로 없었기 때문이었습니다. 지나치게 부정적이었던 저는 좋아하는 감정이나 즐거운 감정을 느끼기가 힘들었습니다. 취업 준비를 하던 시절에 수없이 썼던 이력서에는 항상 '지금까지 살아오면서 마음에 남는 즐거운 일이나 기쁜 일'을 적는 칸이 있었습니다. 저는 그 칸을 채울 말들이 전혀 떠오르지 않아 스스로에게 깜짝 놀랐습니다. 학창 시절에는 사이좋게 지내던 친구도 있었고, 프랑스 유학을 갔던 경험까지 있었는데도 말이지요.

그처럼 좋아하는 것을 몰랐던 저였지만, 지금의 저는 좋아하는 것을 곧바로 선택할 수 있게 되었습니다. '좋아한다'는 감각은 어른이 되고 난 후에도 얼마든지 키워나갈 수 있습니다.

제가 '좋아한다'는 감각을 키우게 된 것은 LVMH 그룹의 패션 브랜드 셀린(CELINE)에서 홍보 업무를 하고 있을 때였습니다. 당시의 저는 20대 초반의 아무것도 모르는 애송이였음에도 갑작스럽게 전 세계에서 활약하는 유명 디자이너, 메이크업 아티스트,

스타일리스트, 카메라맨, 잡지 편집장 등 '일류 감성'을 지닌 패션
계의 프로들과 일해야만 하는 상황에 놓였습니다.

감성의 안테나로 똘똘 뭉친 그들 속에 홀로 '좋아한다'는 감각
을 모르던 제가 있었습니다. 당연히 저는 제 감성을 기르고 '좋아
한다'는 감각을 파헤쳐 깨워야만 했습니다. 제가 '좋아한다'는 감
각을 깨우기 위해 실천한 방법은 두 가지입니다.

첫째, '호기심 안테나'의 힘을 키우는 방법입니다.

둘째, 무엇에든 발랄하게 반응하고 감동하는 '발랄 모드'를 켜
는 방법입니다.

접하는 정보를 늘리고 '호기심 안테나'의 힘을 키우자

'호기심 안테나'의 힘을 키우는 방법에 관해 먼저 이야기하겠습
니다. 앞서 언급한 패션계의 프로들은 호기심의 폭이 매우 넓었
습니다. 그들은 패션계의 프로들이므로 당연히 패션에 관한 이야
기에 열중했습니다. 그뿐만 아니라 음식, 예술, 건축, 게임, 화제
의 인물, 거리 문화, 정치, 자원봉사까지 실로 다양한 분야에서
고급스럽고 흥미롭고 새롭고 고전적인 것에 민감하게 반응하면

서 정보 수집과 교환에 여념이 없었습니다.

전혀 감을 잡을 수 없었던 저는 조금이라도 그들의 대화를 따라가기 위해 텔레비전이나 신문에서 뉴스와 시사 상식을 접하거나, 괜찮아 보이는 잡지에서 쓸 만한 정보를 뽑아내거나, 미술관이나 박물관 혹은 백화점을 돌아다니거나, 낯선 거리를 산책해보거나, 전철과 카페에서 옆에 앉은 사람의 대화에 귀를 기울였습니다. 외부 정보를 포착하기 위한 '호기심 안테나'의 감도를 높이는 데 필사적이었습니다.

그렇게 해서 점점 더 많은 정보와 접하게 되자 점차 '내가 어느 것을 좋아하는지, 내가 어느 곳에 가고 싶은지, 내가 무엇을 원하는지' 알아차리게 되었습니다. 제 안에서 '호불호'와 '욕심'이라는 감각이 솟아나기 시작한 것입니다. 좋아하는 것이 없었던 제 마음속에서 '좋아한다'는 감각이 솟아난 데 대해 스스로 매우 놀랐습니다.

이렇게 해서 제가 좋아하는 것을 알게 되자 더 나아가 '좋아하는 패턴'도 보이기 시작했습니다. 이로써 정서적 선택력을 일사천리로 키울 수 있게 되었습니다. 뒤에서 설명하겠지만, '좋아하는 것 리스트'를 작성하면 망설임 없이 선택할 수 있는 정서적 선택력을 기르는 데 도움이 됩니다.

소리 내어 감정을 표현하는 '발랄 모드'를 습관화하자

이어서 '발랄 모드'에 관해 설명하겠습니다. 좋은 것 혹은 멋진 것을 발견하면 마음속으로만 느끼지 말고 "와, 멋지다!"라고 소리 내어 표현해보기 바랍니다. 이때 손과 몸을 과장되게 움직이는 것이 좋습니다. 속는 셈 치고 한번 해보기 바랍니다. 창피해하지 마세요.

어떤가요? 신나지 않나요? 왠지 설레지 않나요?

사실 이것도 패션계의 프로들에게서 배운 방법입니다. 뭔가에 호들갑스럽게 반응하면 감각을 예민하게 만들 수 있습니다. 패션계의 프로들은 '좋다', '멋지다', '훌륭하다'라는 느낌을 서로 나누는 데 매우 익숙했습니다.

제가 그 시절에 촬영 스튜디오에서 하루 종일 패션계의 프로들과 함께 시간을 보낼 때였습니다. 모델은 아침 일찍부터 촬영용 의상을 입고 있었습니다. 패션계의 프로들은 모델을 보고 저마다 "꺄아, 너무 예뻐요!", "이 부분이 멋지네요"라고 칭찬했습니다. 모델이 메이크업을 하자 "피부의 느낌이 절묘하네요! 아름다워요!"라고 거리낌 없이 자신의 감상을 말했고, 사진을 한 장 찍더니 "좋네요!", "이 표정이 딱 어울려요!"라는 식으로 입을 모아 자신의 감각을 이야기했습니다.

촬영 도중에도 "이것 봐. 이 키홀더의 감촉이 엄청 기분 좋아", "이 초콜릿 정말 맛있네", "얼마 전에 잡지에 실렸던 가게에 가보고 싶어!", "잡지에 자주 실리는 ○○ 씨는 어떤 사람이야? 멋있는 사람인 것 같은데"라는 식으로 남녀를 불문하고 아침부터 밤까지 '발랄 모드'로 커뮤니케이션이 이어졌습니다. 중후한 분위기를 풍기는 40대 남성도 "이거 멋지네", "역시 좋은걸"이라면서 발랄 모드로 이야기하는 것은 마찬가지였습니다.

이처럼 자신이 느끼는 감각들, '좋아함', '기쁨', '즐거움', '편안함', '멋짐' 등을 발랄 모드로 표현함으로써 설레는 마음이 커지고 두근거리는 감각이 몸 가득히 퍼집니다.

스스로 '좋아한다'고 느낀다면 그 감각을 입 밖으로 소리 내어 표현하기 바랍니다. "이 색이 예쁘네", "향기로운 냄새로구나", "피부 감촉이 부드러워"라는 식으로 말이지요.

자신의 감정을 소리 내어 표현하면 호기심 안테나의 감도가 예민해지고, '좋아한다'는 마음의 윤곽이 자신의 내부에서 점점 선명해집니다. 이를 거듭하면 '좋아한다'고 느끼는 감도가 높아지고, 호기심 안테나가 포착하는 정보도 많아집니다. 좋아하는 것을 선택하는 자신만의 기준이 생겨난다고 할 수 있습니다.

'호기심 안테나'의 힘을 키우거나 '발랄 모드'를 습관화하는 방법은 처음에는 잘 이해되지 않을지도 모릅니다. 하지만 일단 흉내라도 내보기 바랍니다. 흉내 내다 보면 무엇보다 즐거움을 느낄 것입니다. 그 점은 확실히 보장합니다.

이제부터 여러분이 무엇을 좋아하는지 찾아보기 바랍니다. 그것이 정서적 선택력을 기르는 지름길입니다.

'좋아하는 것 리스트' 만들기

자신이 무엇을 좋아하는지 느끼기 시작했나요? 좋아하는 것은 늘어났나요?

'좋아하는 것을 느끼기'에 그치지 말고, 이어서 '좋아하는 것 리스트 만들기'로 나아가봅시다. 좋아하는 것을 미리 리스트로 작성해두면 그 리스트 중에서 망설임 없이 선택할 수 있게 됩니다.

예를 들어 가게에서 예쁜 치마를 찾아냈는데 '검은색과 감색 중 어느 쪽을 고를까?'라고 망설이는 경우가 있지요? 이때 좋아하는 것 리스트에 '내가 좋아하는 색상은 감색'이라는 내용을 넣어두었다면, 별다른 고민 없이 곧바로 감색 치마를 선택할 수 있습니다. 이처럼 선택이 망설여지는 경우에는 좋아하는 것 리스트에서 고르는 것이 실패를 줄이는 방법이 됩니다. 선택하고 나서 후회하거나 불행해지는 일도 줄어듭니다.

덧붙여, 저는 밤으로 만든 간식을 좋아합니다. 케이크 가게나 카페에 가서 간식을 고를 때 종류가 너무 많아 이것저것에 눈이 가서 좀처럼 결정할 수가 없다면, 저는 무조건 밤이 들어간 간식을 고릅니다. 이는 제가 가장 좋아하는 '밤으로 만든 간식'이라는 '좋은 선택지'만 남기는 방법입니다. 좋은 선택지 중에서 선택한 결과는 당연히 어떤 선택이든 행복해질 수밖에 없습니다. 이런 식으로 좋아하는 것이 확실하다면 선택하기가 간단해지고 제대로 선택할 수 있습니다.

제 친구는 좋아하는 것 리스트에 '물건 만들기를 좋아한다'라는 내용을 넣었습니다. 그래서 그 친구는 물건을 만드는 워크숍을 발견하면 당장 스케줄에 넣습니다. 이처럼 좋아하는 것 리스트가 있으면 시간 활용 방법도 간단하게 선택할 수 있습니다. 자신이 좋아하는 것을 마음껏 하며 지내는 그 친구는 항상 눈을 반짝반짝 빛내며 행복하게 살고 있습니다.

좋아하는 것 리스트의 장점은 더 있습니다. 좋아하는 것 리스트는 자신의 선택뿐 아니라 주변 사람의 선택도 간단하게 만들어

줍니다.

제가 밤을 좋아하는 것을 알고 있는 주변 사람들(남편, 친구, 동료)은 저에게 선물을 줄 때면 항상 밤이 들어간 간식을 고릅니다. 그들은 저에게 선물을 줄 때 '상대방이 이 선물을 정말로 마음에 들어 할까?'라는 불안감이 없습니다. 그리고 선물을 고르는 시간도 절약할 수 있습니다. 무조건 밤이 들어간 간식만 고르면 되니까요. 그들은 제가 밤으로 만든 간식을 선물로 받으면 기분이 좋아진다는 사실을 잘 알고 있습니다. 이처럼 좋아하는 것 리스트는 저와 주변 사람들이 모두 함께 행복해지는 비결이지요.

뇌의 대뇌변연계라는 부위는 '쾌락'을 선택함으로써 '의욕'을 냅니다. 그러므로 일상 속에서 '쾌락'이 늘어나면, 약간 싫은 일이라도 즐겁게 해낼 수 있는 원동력으로 작용합니다.

좋아하는 것 리스트의 내용을 꾸준히 늘려나가면 선택의 작업이 간단해지고 일상의 기쁨과 즐거움도 늘어납니다. 좋아하는 것 리스트로 선택해서 행복해지는 경험이 늘어날수록 정서적 선택력도 높아집니다.

좋아하는 것 리스트를 만드는 비결은 자신이 좋아하는 것에 충실해지는 것입니다. '남들이 좋다고 하는 것'을 선택하지 말고, '자신이 좋아하는 것'을 선택해야 합니다. 또한 스스로 좋아한다는 감각에 따라 선택했다면 무조건 자신의 선택을 칭찬하고 만족해야 합니다.

좋아한다는 감각을 예민하게 만들고 좋아하는 것 리스트의 내용을 늘리는 방법을 소개하겠습니다. 짬이 날 때마다 수첩이나 공책에 좋아하는 것 리스트를 작성해보기 바랍니다.

📝 오감을 활용해 좋아하는 것 리스트 만들기

오감을 예민하게 만들려면 좋은 것이나 질 높은 것을 적극적으로 체험해야 합니다. '맛있다', '멋지다', '기분 좋다'라고 느끼는 기회를 일상에서 의식적으로 늘려나가면서 자신의 감각을 자극해봅시다.

▶▶ 미술관이나 전람회에 찾아가거나 고급 제품을 취급하는 백화점에 갑니다. 훌륭한 작품이나 멋진 상품을 눈으로 둘러보고 피부로 느껴봅시다.

▶▶ 자신의 감각을 흔드는 것과 흔들지 않는 것은 무엇인가요? 각각 적어보기 바랍니다.

▶▶ 오감이 흔들리거나 감동한 경험을 토대로 좋아하는 것 리스트를 작성해봅시다. 좋아하는 것을 매일 하나씩 써보는 것이 좋습니다.

직감으로 선택하는
힘을 기른다

이어서 '직감'을 활용해 선택하는 정서적 선택력에 관해 설명하겠습니다. 직감은 특수하고 신들린 능력이어서 이해하기 어렵다거나, 보통 사람과는 동떨어진 이야기라고 걱정하는 독자가 있을지도 모르겠습니다. 분명히 '직감력'이나 '번뜩이는 생각'은 마치 신에게서 계시를 받는 듯한 느낌입니다.

하지만 직감이라는 힘은 사실 누구나 가지고 있습니다. 평소 생활에서도 무의식적으로 직감을 활용해 행동하거나 선택합니다. 왜냐하면 직감은 신의 계시가 아니라, 지금까지 뇌에 저장된 정보에서 생겨나는 것이기 때문입니다. 지금까지 오감을 통해 느껴왔던 막대한 양의 정보와 경험이 직감을 발동시키는 것입니다. 그러므로 직감을 설명할 때는 '오감'의 힘이 중요합니다.

앞에서 '사람은 오감을 통해 체내외의 정보를 뇌로 보낸다'고 이야기한 바 있습니다. 우리는 평상시에 오감으로 정보를 수집하고 있고, 그 정보는 무의식중에 뇌에 입력됩니다(대뇌변연계는 기억도 관장하지요). 우리는 그렇게 뇌에 저장된 정보를 토대로 지금 눈앞에 있는 사물을 판단할 수 있습니다.

예를 들어 전철역에서 집으로 가는 길을 선택하는 상황을 생각해봅시다. 집으로 가는 경로는 몇 가지가 있을 것입니다. 이때 우리는 순식간에 감각적으로 어느 경로를 통해 집으로 갈지 선택합니다. 무의식적으로 선택했다고 느껴지겠지만, 잘 생각해보면 그 경로를 선택한 이유가 있습니다. '전에 그 길로 갔을 때 짧게 느껴졌다'거나 '길이 밝아서 마음이 놓인다' 등 과거에 오감으로 느낀 데이터를 이유로 그 경로를 선택하는 경우가 많습니다.

더욱이 여성은 오감이 섬세하고 예민합니다. 여성의 오감을 통해 들어오는 정보량이 남성보다 많다는 사실을 증명하는 데이터도 있습니다.

먼저 시각을 살펴보겠습니다. 2012년 실시된 뉴욕시립대학교의 연구에서 여성은 비슷한 색깔 사이의 미묘한 차이를 구분하는 힘이 남성보다 뛰어나다는 결과가 나왔습니다(한편 남성은 갑작스러운 움직임이나 재빨리 변화하는 영상을 식별하는 능력이 뛰어납니다).

이어서 촉각을 살펴보겠습니다. 가느다란 손가락에는 감각수용체가 더 촘촘하기 때문에 촉각에 더욱 민감하다는 사실이 2009년《신경과학저널 *The Journal of Neuroscience*》에 발표되었습니다. 여성은 일반적으로 남성보다 손가락이 가늘기 때문에 미세한 자극을 더 잘 받아들일 수 있다고 합니다.

셋째로 청각을 살펴보겠습니다. 2008년 존스홉킨스대학교의 연구에서 여성은 모든 연령에서 2,000헤르츠 이상의 소리를 남성보다 더 잘 듣는다는 사실이 밝혀졌습니다.

넷째로 후각을 살펴보겠습니다. 여성의 뇌에는 후각 중추 세포가 남성보다 평균 43퍼센트 많이 존재하고, 신경세포는 거의 50퍼센트 이상이나 많이 존재한다는 사실이 2014년의 연구에서 판명되었습니다.

다섯째로 미각을 살펴보겠습니다. 예일대학교의 연구에 따르면 여성은 남성보다 혀 위에서 맛을 느끼는 미뢰를 많이 지니고 있다는 사실이 밝혀졌습니다.[6]

이처럼 여성은 예민한 오감 덕분에 '정보'를 잔뜩 수집할 수 있습니다. 이러한 감각의 힘을 활용하지 않을 이유가 없습니다.

│ 신뢰할 수 있는 '경험칙 리스트'를 만들자 │

이처럼 직감으로 선택하는 힘을 기르려면 일단 정보량을 늘리기 위해 더 많은 것을 느껴야 합니다. 인터넷이나 책이 아니라 직접 체험해서 오감을 기르는 기회를 늘림으로써 '번뜩이는 생각'이 떠오르는 일상의 경험이 쌓여갑니다.

이것이야말로 직감의 토대가 되는 '경험칙'입니다. 경험칙은 '이렇게 하면 당연히 저렇게 된다'라는 식으로 과거의 경험을 통해 결말을 예측할 수 있는 '패턴' 같은 것입니다.

여기에서 잊어서는 안 되는 것이 우리는 자신을 행복하게 만들기 위해 선택한다는 사실입니다. 즉, '행복해지는 패턴'을 많이 알아내는 것이 망설이지 않고 제대로 선택할 확률을 높이는 비결입니다. 예를 들어 다음과 같이 익숙하고 간단하면서 일상의 행복으로 확실히 이어지는 경험칙을 쌓아두는 것이 좋습니다.

- 만원 전철이 오면 무리하지 않고 다음 전철을 탄다.
  → 지금까지의 경험에 따르면 만원 전철 다음에 오는 전철은 비어 있는 경우가 많기 때문에
- 아침에 평소보다 개운하게 일어나지 못해서 감기 기운을

느꼈다. 당분간은 커피가 아니라 허브티를 선택한다.

→ 평소에는 커피를 마셨지만, 감기 기운이 있는 아침에는 허브
티를 마셔야 몸 상태가 좋아진다는 점을 경험으로 알고 있기
때문에

이처럼 경험칙을 활용하면 단순히 '할까, 말까'를 선택하는 양자택일에 그치지 않고, 구체적인 행동까지 선택할 수 있습니다. 일상 속에서 경험칙을 의식하고 선택하면서 '상황이 잘 풀리는 경험칙 리스트'를 만들어봅시다.

중요한 것은 경험칙으로 선택했을 때 목적과 동일한 결과가 나오는지를 평가해야 한다는 점입니다. 결과가 좋지 않은 경험칙은 리스트에서 바로바로 제외합니다.

예를 들어 '만원 전철 다음에 오는 전철은 약간 여유가 있다'라는 경험칙이 절대적인 것은 아닙니다. 상황에 따라 들어맞지 않는 경우가 있을 수도 있습니다.

실제로 확인해보면 '9시대에 오는 전철은 이 경험칙이 들어맞지만, 8시대에 오는 전철은 어차피 모든 전철이 사람들로 꽉 들어차 있기 때문에 이 경험칙이 들어맞지 않는다'라는 식의 새로운 깨달음을 얻을 수도 있습니다. '이 경험칙은 무조건 틀렸다'가 아

니라, '9시대에는 만원 전철을 그냥 보내고 다음 전철을 기다리는 편이 좋다'라는 식으로 경험칙을 수정하면 됩니다. 이처럼 경험칙의 정밀도를 조금씩 높여가는 것은 직감의 정밀도를 높이는 것으로 이어집니다.

경험칙은 언제 어디서나 혹은 누구나 사용할 수 있는 만능 법칙이 아니라는 점을 염두에 두어야 합니다. 어디까지나 자신만의 경험을 바탕으로 만든 임시 법칙이기 때문에 일정한 편향을 포함합니다. 경험칙은 개인적인 체험에 따라, 업계에 따라, 타이밍에 따라, 사람에 따라, 상태에 따라, 조건에 따라 한정적인 법칙이며 '반드시', '무조건' 이루어지는 법칙이라고 할 수 없습니다. '어쩌면 이루어질 수도 있는 법칙' 정도로만 생각하기 바랍니다.

하지만 '반드시' 이루어진다는 보장은 없더라도 이루어질 가능성이 높은 법칙에 따라 선택하는 편이 당연히 좋습니다. 어떻게 하면 좋을지 전혀 감이 잡히지 않는 상태에서 순식간에 선택해야 할 때 경험칙은 꽤 큰 힘을 발휘합니다.

이렇게 순식간에 선택할 수 있는 일이 늘어나면 일상의 초조함과 불안은 줄어들고, 성과는 더욱 좋아지며, 즐거운 나날을 보낼 수 있을 것입니다.

📋 직감의 힘을 기르는 경험칙 리스트 만들기

지금까지의 경험을 떠올리고 결과가 좋을 것 같은 경험칙을 적어봅시다.

'○○였기 때문에 ○○했더니 잘됐다.'

'○○할 때 ○○를 선택했더니 잘됐다. 왜냐하면……'

이처럼 무심코 선택했을 때의 이유나 느낌을 말로 표현합니다.

▶▶ 나의 경험칙①

▶▶ 나의 경험칙②

▶▶ 나의 경험칙③

▶▶ 나의 경험칙④

후회할 일이 사라지는
'논리적 선택력'
키우기

양질(良質)이란,

높은 곳을 추구하는 의지, 끈질긴 노력,

총명한 방향성

그리고 숙련된 기술을 쌓아올린 결과다.

이는 많은 선택지를

현명하게 골라낼 수 있음을 의미한다.

— 아리스토텔레스(철학자)

중대한 선택은
'철저히 납득한 후'에 한다

정서적 선택력은 마음과 감성과 감각을 토대로 선택하는 방법이었습니다. 이번 장에서는 머리로 생각하고 철저히 납득한 후 선택하는 '논리적 선택력'을 설명하겠습니다.

논리적 선택력을 활용하면 '이치에 맞는' 선택을 체계적으로 할 수 있습니다. 사실과 데이터를 바탕으로 선택의 이유를 스스로 완전히 이해한 후에 선택하기 때문입니다. '이 선택이 괜찮을 것 같아'라는 추측이 아니라 '이 선택이 틀림없어'라는 확신을 가지고 선택하는 방법입니다.

'STEP 2'의 정서적 선택력은 비교적 작은 일상적인 일들에 관해 선택할 때 적당합니다. 작은 일이라는 것은 만약 선택을 그르치더라도 금세 회복할 수 있고 인생에 영향을 미치는 정도가 그다지 크지 않은 일을 말합니다. 즉, 인생에 별 타격을 주지 않는 일입니다.

하지만 많은 돈과 시간을 소비하는 일, 여러 사람과 관련되어 있는 일, 혹은 인생을 좌우할 만한 중요한 일에 관해서는 선택을 그르치면 큰일 납니다.

이처럼 중대한 사항에 관해서는 개인적인 호불호의 감정만으로 선택하기가 왠지 불안합니다. 그러므로 이때는 논리적 선택력을 활용해 선택해야 합니다. 하나의 선택이 주변에 커다란 영향을 끼치는 경우, 선택의 리스크를 되도록 줄이고 싶은 경우, 자신의 선택을 스스로 납득하고 싶은 경우, 다른 사람의 동의가 필요한 경우 등에도 논리적 선택력을 사용하는 편이 좋습니다. 논리적 선택력은 가정에서 직장까지, 개인적인 일부터 조직의 중대 결정까지 폭넓게 활용할 수 있습니다.

사실 저는 논리적 선택력을 P&G에서 근무할 때 배웠습니다. P&G로 이직한 지 얼마 되지 않았을 때 어느 광고의 영상을 결정하는 회의가 있었습니다.

회의 참석자들이 다들 'A와 B 영상 가운데 어느 쪽이 좋을까?'

라고 고민하고 있을 때, 제가 A영상을 고르고 당당히 의견을 말했습니다.

"아무리 생각해도 A가 좋네요. 색채의 느낌이 광고 이미지에 맞으니까요."

하지만 그 자리에 있던 모든 사람이 저를 멀뚱멀뚱 쳐다보기만 할 뿐이었습니다. 그리고 다음과 같은 냉정한 대답이 돌아왔습니다.

"그 말씀의 의미를 이해할 수 없네요."

당연히 제 의견은 무시되었습니다. 토론이 진행되는 분위기를 살펴보다가 겨우 그 이유를 깨달았습니다. 회의의 발언은 누구나 (발언자 본인을 포함) 납득할 수 있도록 논리적으로 해야 한다는 사실이었습니다.

이전에 몸담았던 패션업계에서는 무언가를 선택하고 결정하는 회의가 열리면 회의 참석자들이 모두 정서적 선택력을 사용해 선택했습니다. 일류 사진가나 숙련된 언론 담당자 등 패션업계의 프로들은 자신들의 풍부한 경험과 정보로 뒷받침되는 '직감'과 '경험칙'을 바탕으로 중요 사항을 결정했습니다. 그것은 패션업계의 암묵적인 규칙 같은 것이었습니다. 그 자리에서는 저 같은 일개 직원조차도 논리적인 의견보다 정서적인 의견을 내놓도록 요구받았습니다.

하지만 P&G에서는 완전히 달랐습니다. P&G의 회의에는 마케팅, 개발, 영업, 고객 상담실, 인터넷, 광고 대리점 등 여러 분야에 소속된 사람들이 참가했습니다. 게다가 참석자들은 일본인뿐만 아니라 중국인, 인도인, 독일인 등 국적도 다양하고, 저마다지니고 있는 배경 정보와 가치관도 제각각이었습니다. 실로 다양성이 풍부한 집단이었습니다. 그러므로 회의 참석자들이 모두 한꺼번에 납득하고 동의하려면 반박하기 힘든 데이터와 체계적인 논리가 강력히 필요했습니다.

또한 한번 결정하면 몇십억 엔에 이르는 막대한 투자를 해야하고, 한번 발매하면 오랜 세월 사랑받는 상품으로 키워나가야합니다. 그런 관점에서도 그르치지 않는 선택(위험성을 되도록 낮추는 것)이 매우 중요합니다. 그러므로 선택의 이유를 모두에게납득시키는 것, 또한 스스로 철저히 납득하는 것이 필수입니다.

| 논리적 선택력의 두 가지 장점 |

논리적 선택력을 사용하면 충동을 자제하고 선택할 수 있습니다.

예를 들어 다이어트하기로 마음먹은 후에도 무심코 단 음식에 손이 가는 경우가 있습니다. 이때 초콜릿 케이크와 딸기 찹쌀떡 중에 어느 것을 선택해야 좋을까요?

- 초콜릿 케이크 → 500킬로칼로리 이상
- 딸기 찹쌀떡 → 135킬로칼로리

이전에는 '나는 단 음식을 좋아한다 → 내가 아주 좋아하는 초콜릿 케이크'라고 정서적으로 선택했을 것입니다. 하지만 지금은 '나는 다이어트를 하고 있다 → 당연히 열량이 낮은 딸기 찹쌀떡'이라고 선택할 수 있습니다.

이 차이가 어떤 결과로 이어지는지 살펴봅시다. 7,200킬로칼로리를 섭취하면 몸무게 1킬로그램이 늘어나기 때문에, 20일 후에 1킬로그램의 몸무게 차이로 나타납니다.

이처럼 수치와 데이터를 섞어서 논리적으로 생각하면, 욕망에 따라 손이 먼저 나가는 행동을 억제할 수 있습니다.

논리적 선택력에는 또 하나의 장점이 있습니다. 설령 잘못되더라도 선택을 바꾸는 길을 쉽게 찾을 수 있다는 점입니다.

본능이나 직감만으로 선택했다면 선택한 결과가 좋지 않을 경우에 수습할 수단이 전혀 보이지 않을 것입니다. 하지만 논리적 선택력으로 선택했다면 그 선택의 과정을 이론적으로 검증할 수 있습니다. 선택의 과정을 다시 살펴보고 수정함으로써 '내가 원하는 것=목적'에 맞게 선택지를 간단히 바꿀 수 있습니다. 즉, 선택을 새로 할 수 있다는 뜻입니다. 이처럼 선택의 시행착오를 반복하다 보면 논리적 선택력은 꾸준히 단련됩니다.

| 논리적 선택력은 어른이 된 후에 더욱 발달한다 |

'논리적 사고를 활용하라'는 말이 어렵게 느껴질지도 모르겠습니다. 이렇게 말하는 저 자신도 '논리적 사고 같은 건 나랑 맞지 않아'라며 반쯤 포기한 적이 있습니다.

하지만 지금 생각하면 요령이 없었을 뿐이었습니다. 처음에는 잘 모르고 잘 안 되었지만 조금씩 노력하다 보니 결국 논리적으로 선택할 수 있게 되었습니다.

그러니 안심하기 바랍니다. 누구나 훈련만 하면 논리적 선택력을 기를 수 있습니다. 사실 이렇게 논리적으로 사고하고 선택하는 힘은 어른이 되고 난 후에야 더 잘 익힐 수 있습니다.

뇌를 스캔하는 실험[7]에서 사람이 여러 가지 정보를 두루 조사하고 선택할 때면 뇌의 최고 중추라고 불리는 대뇌 신피질에 있는 '전두엽전영역(prefrontal area)'이라는 부위가 활성화된다는 사실이 밝혀졌습니다. 이 전두엽전영역이라는 부위는 성숙하는 속도가 늦습니다. 그래서 사춘기를 지나기 전까지는 미발달 상태입니다. 사춘기 이후 어른이 될수록 경험과 훈련을 쌓음으로써 이 전두엽전영역의 기능이 발달하고 향상됩니다.

즉, 완전히 어른이 된 지금부터 전두엽전영역을 훈련하고 활성화하더라도 결코 늦지 않다는 뜻입니다. 전두엽전영역은 노화에 의해 가장 일찍 기능 저하가 일어나는 부위이기도 하므로 의식적으로 꾸준히 훈련해서 조기에 쇠퇴하지 않도록 관리하는 것이 좋습니다. 우리가 머리로 생각하고 선택하는 행동을 꾸준히 지속하는 것이야말로 전두엽전영역의 기능을 성장시키고 논리적 선택력을 몸에 배게 하는 유일한 길입니다.

 **논리적 선택력을 사용해야 할 때**

1. 장기적으로 영향을 끼칠 때
주택 구입, 거주지 선택, 장기 업무 프로젝트 등

2. 여러 사람이 관련되어 있을 때, 여러 사람의 이해가 얽혀 있을 때
아이가 다니는 학교 행사에 참가하기, 동창회 개최하기, 친척 행사 일정 조정하기, 회사 전체나 팀 혹은 거래처 등 여러 사람을 끌어들이는 대규모 프로젝트 운영하기 등

3. 돈이 들 때
자격증 취득, 학원 등록 등

4. 다양한 요소를 비교 · 검토해야 할 때
아이의 어린이집이나 학교 선택, 질병 치료를 위한 병원 선택, 컴퓨터 등의 전자제품을 구입하기 위한 사양 비교(가격, 성능, 속도, 크기, 무게 등 여러 가지 요소를 생각해야 한다)

논리적 선택력의
다섯 가지 단계

복습해봅시다. 논리적 선택력은 장단점을 판단하고 선택지를 비교 · 검토해서 '내가 원하는 것=목적'을 이룰 수 있는 방법에 관해 스스로 납득하고 선택하는 방법입니다. 시간과 돈이 많이 들거나 수많은 사람과 연관된 일에 관해 선택할 때도 논리적 선택력을 활용해야 합니다.

우리는 일상에서 일어나는 사건에 대해 '왜?'라며 이유를 질문합니다. 이는 모든 일이 하나의 원리로 이어질 수 있다는 믿음에서 비롯되는 것입니다. 그 원리를 찾아가는 것이 논리적 사고의 핵심입니다.

논리적 선택력을 키우기 위해서는 다음의 다섯 가지 단계를 밟아야 합니다.

1단계: 내가 원하는 것은 무엇인가? 선택의 '목적'을 확실히 정한다.

2단계: 선택하기 위한 '쓸 만한 정보'를 모은다.

3단계: '좋은 선택지'를 만든다.

4단계: 만든 선택지를 평가한다.

5단계: 선택 후의 상황을 시뮬레이션하고 최종 선택한다.

이 단계를 밟으면 자연스럽게 스스로 만족하고 철저히 납득한 후 선택할 수 있게 됩니다.

아무런 정보 없이 갑자기 선택하라고 하면 선택하기가 힘듭니다. '무엇을 어떻게 선택할지, 어떻게 판단할지' 선택의 기준이 없기 때문입니다. 이래서는 그 선택을 통해 기대하는 결과를 얻을 수 있을지 불확실합니다.

철저히 납득한 후 선택하려면 이 다섯 가지 단계를 제대로 밟는 것이 중요합니다.

| 최종 판단보다 '좋은 선택지'를 만드는 것이 중요하다 |

최선을 선택하기 위해서는 좋은 선택지를 만드는 것이 가장 중요하다는 사실을 기억해두기 바랍니다. 이는 앞에서도 설명한 바 있습니다.

나쁜 선택지를 앞에 두고 아무리 머리를 감싸 쥐며 고민해본들 의미가 없습니다. 애써 선택했다고 해도 애초에 모든 선택지가 나쁘기 때문에 그 결과도 좋지 않을 것이라고 쉽게 상상할 수 있습니다.

일단 좋은 선택지가 많이 있으면 그중에서 가장 알맞은 것을 선택할 가능성이 높으므로 당연히 행복해질 확률도 높아집니다. 그런 이유로 논리적 선택력의 다섯 가지 단계 중에서도 특히 중요한 것은 앞의 세 단계라고 할 수 있습니다.

1단계: 내가 원하는 것은 무엇인가? 선택의 '목적'을 확실히 정한다.

2단계: 선택하기 위한 '쓸 만한 정보'를 모은다.

3단계: '좋은 선택지'를 만든다.

친구들과 떠나는 여행, 어떻게 선택할까?

이제 실전으로 돌입하겠습니다. 논리적 선택력을 익히는 훈련입니다. '사이좋은 친구 넷이서 떠나는 여행'을 사례로 들어 생각해 보겠습니다. 논리적 선택력의 다섯 가지 단계를 이 사례에 적용하면서 살펴보겠습니다.

• 설정

당신은 사이좋은 친구 네 명이서 올해 10월에 2~3일 여행을 떠날 계획입니다. 다들 '일상에서 벗어나고 싶다', '간만에 푹 쉬고 싶다', '스트레스를 풀고 싶다'라고 말하는데, 각자 여행에서 바라는 바가 다른 것 같습니다.

어떻게든 일정만큼은 맞출 수 있을 듯하지만, 예산은 제각각입니다.

다음은 여행에 관한 네 명의 의견입니다.

A(전업주부, 한 살배기 아들의 엄마)

"육아와 집안일에서 해방되고 싶어. 그러니 리조트가 좋겠어. 피부 관리를 받을 수 있다면 더할 나위 없지! 그런데 전업주부라서 돈을 많이 쓰고 싶지는 않아. 예산은 30만 원 정도로 생각하고 있지만, 최고 50만 원까지도 가능해."

B(회사원, 투자은행 근무)

"평소에는 별로 시간이 없으니, 이번 기회에 시간이랑 돈을 아낌없이 쏟아서 화려하게 날개를 펼치고 싶어. 그러니까 허름한 호텔은 절대 안 돼! 평일에 휴가를 내도 괜찮아."

C(회사원, 서비스업, 미식가)

"맛있는 음식을 먹고 싶어. 여행은 역시 관광이랑 음식이랑 쇼핑이지! 가만히 앉아 쉬는 것보다는 여기저기 돌아다니고 싶어. 월말만 아니라면 잠깐 휴가를 낼 수 있어."

D(당신, 회사원)

"느긋하게 쉬고 싶지만 특별히 리조트만 고집하는 건 아니야. 너무 빡빡한 일정은 싫지만 모처럼 하는 여행이니까 여러 군데 돌아다니며 즐기고도 싶고. 무엇보다 모두의 의견을 다 반영했으면 좋겠어."

좀처럼 의견이 하나로 모이지 않았습니다. 그래서 다른 세 명은 당신에게 "D(당신)에게 전부 맡길 테니 여행지랑 여행 계획을 결정해봐"라고 말했습니다.

이때 당신은 어떻게 여행지와 여행 계획을 선택해야 좋을까요? 다음 페이지부터 다섯 가지 단계에 따라 하나씩 설명하겠습니다.

목적을
확실히 정한다

친구 넷이서 갈 여행지를 선택하기 위해서는 가장 먼저 '이 여행의 목적'을 확실히 정해야 합니다.

'여행의 목적이 따로 있을까? 여행의 목적은 여행 그 자체가 아닐까?'라고 생각할지도 모릅니다. 하지만 틀렸습니다.

'나는(우리는) 이 여행에서 무엇을 얻고 싶은가?'가 이 여행의 목적입니다. 이 목적을 확실히 정해야 최종적인 여행지와 여행 계획을 선택할 수 있습니다.

제가 P&G에 입사한 지 얼마 지나지 않았을 때, 가장 힘들었던 것이 이 '목적' 설정이었습니다. P&G에서는 무언가를 시도하려고 하면 주변에서 꼬박꼬박 "목적이 뭐지요?"라고 물어봅니다. 그때까지 30년 가까이 목적을 확실히 정해서 행동하고 대화한 적이 없었던 저에게는 그 질문이 무척이나 까다롭고 고통스러웠습니다.

P&G에 입사한 첫날에는 문화충격을 받은 사건이 있었습니다. 입사 첫날임에도 불구하고 제 직속 상사는 바쁜 일이 겹쳤는지 오전 내내 모습을 드러내지 않았습니다. 저는 사무실에 출근했지만 제 자리가 어디인지도 몰랐고, 저를 도와주는 사람은 아무도 없었습니다. 그렇게 홀로 갈팡질팡하고 있을 때 구세주가 나타났습니다. 입사 전에 잠깐 인사를 나눈 적 있는 동료를 발견한 것입니다. 그래서 얼른 말을 걸었습니다.

"저기, 바쁘신데 죄송합니다. 잠시 물어보고 싶은 게 있는데, 괜찮으세요?"

"지금 바쁜데…… 이야기의 목적은 뭔가요? 몇 분 필요한가요?"

……목적? 몇 분? 지금까지의 인생에서 들어본 적 없는 대화를 저는 이해하지 못한 채 멍하니 그 사람의 눈만 바라보았습니다.

'이야기의 목적? 대화를 나누는 것이 목적일까?'

그런 의문이 제 머릿속을 맴돌았습니다.

하지만 '대화를 나누는 것'은 이야기의 목적이 아닙니다. 진정한 목적은 '대화를 통해 내가 원하는 것을 이루기'입니다.

'내가 정말로 원하는 것은? 나는 지금 무엇을 원하는가?'

목적은 곧 나의 욕망입니다. 욕망을 바탕으로 최종적으로 얻고 싶은 바를 확실히 정해야 합니다.

P&G 입사 첫날에 제가 원했던 것은 '내 자리가 없다. 무엇을 어떻게 해야 할지 모르기 때문에 이 상황에 대해 조언해주거나 도와줄 사람이 필요하다'라는 것이었습니다. 이 점을 깨달았다면 질문을 더욱 구체적으로 할 수 있었겠지요.

그럼 여행 이야기로 돌아가겠습니다. 이번 여행은 사이좋은 친구 넷이서 떠납니다. 즉, 네 명으로 이루어진 여행 팀이라고 할 수 있습니다. 자신을 포함한 네 명 모두의 욕망을 충족시키는 공통의 목적을 확실히 정하고 공유한다면 욕망의 힘도 커지고 여행에 대한 설렘도 높게 유지할 수 있습니다. 그러기 위해서 네 명 모두의 의견과 희망을 고려해 아무도 따돌림당하지 않고 납득할 수 있도록 여행의 목적을 정해야 합니다.

여기에서 '누구나 납득하기 쉬운 목적'을 정하기 위한 편리한 도구를 소개하겠습니다. 선택의 목적을 다음의 다섯 가지 'SMART'에 적용해서 생각해보는 방법입니다.

🖥 '내가 원하는 것 = 목적'은 SMART로 생각하자

S
Specific

누구나 알기 쉽게 구체적으로 정한다.
누가 보거나 읽어도 이해할 수 있도록 구체적인 표현과 말로
나타낼 것. 아무도 오해하지 않도록 확실히 설정한다.

M
Measurable

수치를 넣는다.
목적을 정말로 달성할 수 있을지 혹은 정말로 달성했는지 판
단할 수 있도록 목적 안에 수치를 넣어 측정 가능하게 만든다.

A
Achievable

현실적으로 정말로 달성 가능하도록 한다.
단순한 희망이나 소원이 아니라 현실적인 내용인지 체크한다.
지금 자신이 사용할 수 있는 자원으로 정말로 달성할 수 있을
지 확인한다.

R
Relevant

자신에게 가치가 있도록 관철한다.
커다란 목적(나의 행복)으로 이어지는지, 자신들의 요구 사항
과 사회 환경에도 맞는지 확인한다.

T
Time—bound

목적에 맞게 선택하는 기간과 시간에 제한을 둔다.
언제까지 선택할지 그 기한을 설정한다.

모두의 희망을 고려해 대략적으로 생각해보면 이번 여행의 이미지는 '비일상적인 공간에서 모두 함께 즐길 수 있는 여행'일 것입니다.

그다음으로 비일상적인 공간이란 무엇인지, 모두 함께 즐긴다는 것은 또 무슨 뜻인지 구체적으로 고민해야 합니다. 그리고 각자의 희망을 이룰 수 있는 방법도 생각해봅니다. 이러한 조건들을 합쳐보면 네 사람이 원하는 여행의 전체상이 어렴풋이 나타납니다.

그럼 앞 페이지의 '다섯 가지 SMART'를 활용해 이 여행에서 달성하고자 하는 목적을 설정해봅시다(목적은 사람마다 다르므로 정답은 없습니다).

이렇게 하면 선택의 '틀'이 잡히기 시작합니다. 목적이 구체적으로 좁혀지면서 시야가 정해지기 때문에 쓸데없이 헤매지 않고 똑바로 나아갈 수 있습니다.

일단 무엇을 원하고 무엇을 얻고 싶은지부터 생각해보십시오. 자신의 욕망을 확실히 정하고 SMART를 활용해서 목적을 설정해봅시다.

▣ 친구 넷이서 떠나는 여행의 '목적'을 설정한다

M	**수치를 넣는다.** 50만 원 이내, 별 세 개짜리 이상의 호텔에 묵는다.
A	**현실적으로 정말 가능한가?** 2박 3일의 저렴한 여행
R	**자신들에게 가치가 있도록 관철한다.** 리조트 + 관광을 즐길 수 있는 지역
T	**목적에 맞게 선택하는 기간과 시간에 제한을 둔다.** 이번 주까지 선택한다.
S	**위의 내용을 누구나 알 수 있도록 구체적으로 정리하면……**

↓

목적 결정!!

편히 쉴 수 있는 리조트가 있고 관광까지 즐길 수 있는 지역에서,
별 세 개짜리 이상의 호텔에 묵는다. 2박 3일, 50만 원 이내의 저렴한 여행
→ 그 여행 계획을 이번 주까지 선택한다.

선택하기 위한
'쓸 만한 정보'를 모은다

드디어 친구 넷이서 떠나는 여행의 목적이 정해졌습니다. 이어서 선택하기 위한 '쓸 만한 정보'를 모아봅시다.

선택할 때 특히 중요한 것은 '좋은 선택지를 만드는 것'이라고 앞에서 설명한 바 있습니다. 그리고 좋은 선택지를 만드는 재료가 되는 것이 바로 '정보'입니다.

요리를 잘한다고 소문난 제 친구는 다음과 같이 말했습니다.

"요리가 맛있어지는 가장 큰 비결이 뭐라고 생각해? 그것은 바로 재료 선택이야. 재료 선택에 따라 맛이 결정되지."

네, 그렇습니다. 맛있는 요리의 비결은 요리 솜씨나 재능이 아

니라 재료 선택입니다. 이와 마찬가지로 좋은 선택지를 만들려면
그 재료인 정보를 어떻게 선택하느냐가 중요합니다.

다음의 세 가지 유의점을 확인하면서 선택지의 재료인 '쓸 만
한 정보'를 모아봅시다.

1. 목적을 재확인한 후 정보의 '키워드'를 의식하고 '가설'을 세운다.

2. 효율이 좋을 것 같은 정보원에 접근한다.

3. '올바른가?', '믿을 수 있는가?', '나에게 도움이 되는가?', '목적에
   맞는가?'라는 질문으로 정보를 선별한다.

│ 정보의 '키워드'를 의식하고 '가설'을 세운다 │

'나는 무엇을 원하는가?=목적'을 다시 한번 확인하고 어느 정보
에 접근하면 좋을지 정리해봅니다. 목적은 정보를 찾을 때 키워
드나 가설이 됩니다.

이번 여행의 목적인 '편히 쉴 수 있는 리조트가 있고 관광까지
즐길 수 있는 지역에서, 별 세 개짜리 이상의 호텔에 묵는다. 2박
3일, 50만 원 이내의 저렴한 여행 → 그 여행 계획을 이번 주까지

선택한다'에서 상정할 수 있는 가설을 생각해봅시다.

'2박 3일'이라는 일정이나 '50만 원 이내'라는 가격을 생각하면 여행지로는 온천지, 오키나와나 홋카이도 같은 섬, 대만이나 한국 같은 가까운 해외 등을 고려해볼 수 있습니다.

'편안히 쉴 수 있는 곳'을 찾는다면 시설 내의 서비스가 우수한 리조트나 고급 호텔, 객실 개수가 적은 숙소, 방이 넓은 숙소도 고려 대상이 됩니다. 일정이나 요일에 따라서는 '여성 할인', '계절 할인' 등 저렴하게 다녀올 수 있는 계획을 세울 수도 있습니다.

이처럼 목적으로부터 가설을 세우고 구체적으로 여행지를 떠올림으로써 어떤 정보를 모으면 좋을지 아이디어를 얻을 수 있게 됩니다.

여러 가지 정보와 접하다 보면 '왠지 이쪽이 더 좋아 보이네' 하면서 점점 옆길로 새는 경우도 있습니다. 물론 이럴 때 더 나은 키워드나 가설을 발견한다면 계획을 수정할 수도 있습니다.

하지만 절대로 목적 자체를 바꾸어서는 안 됩니다. 예를 들어 목적 안에 있는 '저렴한 가격'을 '최저 가격'으로 바꾸면 안 됩니다. '저렴한 가격'과 '최저 가격'은 비슷한 듯 다릅니다. 그 둘은 의미도 다르고 지향하는 바도 다릅니다. 그러므로 키워드와 가설은 수정해도 되지만, 목적은 절대 수정하지 마십시오.

효율이 좋을 것 같은 정보원에 접근한다

정보를 찾을 때는 짧은 시간에 정확도 높은 정보와 접해야 합니다. 그러기 위해서는 정보원을 고르는 것이 중요합니다.

그렇다면 어떤 정보원에 접근하면 좋을까요? 생각할 수 있는 방법은 다음의 세 가지입니다.

1. 믿을 수 있는 경험자의 목소리(여행을 좋아하는 친구나 지인)
2. 전문가 혹은 전문 잡지 등의 언론(여행 대리점, 여행 전문지 등)
3. 인터넷 검색(SNS, 블로그, 뉴스, 포털 사이트 등)

이러한 정보원에 접근할 때는 각 정보원의 성질을 이해하고 장단점을 파악한 후 과연 활용할 만한지 꼼꼼히 판단해야 합니다.

다시 여행 이야기로 돌아가겠습니다. 친구 중에 여행을 자주 다니고 항상 저렴하게 고급 숙소에 묵는 여행의 달인이 있다고 합시다. 그 친구는 풍부한 여행 경험을 바탕으로 추천 여행지나 추천 숙소를 알려줄 수 있을 것입니다. 자신의 친구이므로 감각이나 가치관도 비슷할 것이고, 무엇보다 이번 여행의 목적에 합치하는 경험도 많겠지요.

이처럼 장점은 실제 체험을 토대로 한 생생한 목소리를 들을 수 있다는 점입니다. 외부에 드러나지 않은 은밀한 정보를 들을 수 있을 뿐 아니라, 궁금한 점을 구체적으로 질문해서 상세한 정보를 얻을 수도 있습니다.

경험자로부터 정보를 얻는 경우의 단점은 어디까지나 개인적인 의견이라는 점입니다. 그 친구와 자신은 가치관과 감각에서 차이가 있을지도 모릅니다. 예를 들어 친구가 5점이라고 평가하는 호텔을 자신은 3점으로 볼 수도 있습니다. 이전에 친구가 여행했을 때와 타이밍이 어긋나는 경우도 고려해야 합니다. 호텔의 사정과 주변 환경이 당시와 달라졌을 수도 있고, 호텔의 시설과 경영자가 바뀌었을 수도 있습니다. 이런 점까지 감안해서 정보를 철저히 조사해야 합니다.

이어서 전문가나 전문 잡지로 접근하는 방법입니다. 여행의 전문가라고 하면 여행 대리점을 생각해볼 수 있습니다. SMART로 결정한 이번 여행의 목적이나 그 목적을 토대로 상정한 가설을 여행 대리점에 전하면 그곳에서는 분명히 몇 가지 적당한 여행 계획을 제시해줄 것입니다.

그렇게 제시받은 몇 가지 선택지 가운데 하나를 그대로 채용해도 됩니다. 또한 그 계획을 나름대로 수정해서 활용해도 상관

없습니다. 예를 들어 '별 세 개짜리 호텔'이라는 키워드를 '노천 온천이 딸려 있는 방', '저녁 식사 포함' 등 더욱 실질적인 목적에 가까워지도록 내용을 추가하거나 수정할 수 있습니다.

전문가에게서 정보를 얻는 것의 장점은 그 분야에 정통한 사람이 선별한 꽤 정확도 높은 정보를 손에 넣을 수 있다는 점입니다. 반대로 단점은 전문가의 주관이 크게 개입되어 정보가 한쪽으로 치우칠 수 있다는 점입니다.

예를 들어 여행 대리점이라면 그 대리점에서 취급하는 여행 상품 중에서 여행 계획을 제시하는 경우가 많습니다. 전문가라고 불리는 사람들도 어디까지나 그 사람의 연구 분야나 경험을 바탕으로 자신의 주장에 맞는 정보만을 제공합니다. 이는 언론도 마찬가지입니다.

마지막으로 인터넷 검색으로 정보를 찾는 방법입니다. 이는 매우 손쉬운 방법인 데다 일부러 자리를 이동할 필요도 없고, 원하는 시간에 짬을 내어 정보를 조사할 수 있습니다. 또한 폭넓은 정보를 단시간에 모을 수 있다는 장점도 있습니다.

반면에 단점은 정보가 지나치게 많다는 점입니다. 게다가 개중에는 여행 체험담을 가장한 광고나 가짜 정보도 많이 포함되어 있으므로 이를 구분하고 필요한 정보만을 뽑아내려면 상세하고 성가신 검증 작업이 필요합니다. 결과적으로 인터넷 검색으로 정보를 찾는 방법은 다른 방법들보다 시간이 더 걸리기도 합니다.

| 네 가지 질문으로 정보를 선별한다 |

이렇게 얻은 정보를 '올바른가?', '믿을 수 있는가?', '나에게 도움이 되는가?', '목적에 맞는가?'라는 관점으로 확인해봅시다.

우리는 '많은 사람이 말하는 것=사실'이라고 판단하기 쉽습니다. 하지만 오늘날은 인터넷에 가짜 뉴스가 흘러넘치는 시대입니다. 그 정보가 정말로 진실인지 꿰뚫어 보는 일은 간단하지 않습니다. 그 정보를 믿을 수 있는지 간파하기 위해 의식해야 할 세 가지 유의 사항을 살펴보겠습니다.

1. 그 정보는 사실을 이야기하는가?('그 사람은 그렇게 생각한다'라는 주관이나 의견과 구분한다)
2. 그 정보의 수치는 정말로 올바른가? 근거는 있는가?
3. 그 정보를 납득할 수 있는 이유는 있는가?

정보의 파도에 휩쓸리지 않고 냉정하게 그 정보의 근원이 되는 출처를 따져보고 1차 정보원(언론인지, 누군가의 혼잣말인지, 원래 데이터는 무엇인지)을 조사해봅니다. 단순한 개인의 체험이나 견해인지, 아니면 확실한 데이터나 근거가 있는지 판단해야 합니다.

예를 들어 누군가의 블로그에 '여행지로서 지역 A가 최근 3개월 동안 꾸준히 인기가 높아지고 있고, 앞으로도 더 인기가 높아질 것 같다'라고 쓰여 있다고 합시다.

'그렇구나! 이 지역이 인기 있구나! 그렇다면 이번 여행의 선택지 가운데 하나는 지역 A의 리조트로 하자'라고 결정하면 너무 성급합니다. '지역 A가 인기를 끌고 있다'라는 말이 정말인지 조금 더 정보를 모아 냉철하게 조사해야 합니다.

이러한 데이터의 출처는 대부분 정부, 기업, 단체에서 나오는 경우가 많습니다. 그러므로 그 데이터, 즉 1차 정보원에 해당하는 것을 쉽게 찾아볼 수 있습니다.

그렇게 찾아봤더니, 예컨대 '사실 3년 전부터 여행객이 줄어드는 경향을 보였지만, 과거 3개월 동안 약간 회복세를 나타냈다'라는 사실과 마주친다면 어떨까요? 즉, '3개월 동안 꾸준히 인기가 높아지고 있다'라는 블로그의 글은 사실이지만, 어디까지나 최근 3개월 동안의 일시적인 현상일 뿐입니다.

요컨대 블로그의 글을 쓴 사람은 자신에게 유리한 정보만을 보여준 것입니다. '앞으로도 더 인기가 높아질 것 같다'라는 말은 어디까지나 그 블로거의 주관이며, 실제로는 아무도 알 수 없습니다. 또한 그 글만으로는 인기 있는 이유도 확실하지 않습니다.

이처럼 제대로 사실 확인을 해보거나 다른 의견을 지닌 사람의 주관도 일부러 조사해봄으로써, 사실과 의견의 균형을 잡을 수 있고 확실한 근거가 있는지도 따져볼 수 있습니다.

마지막으로 정보를 모을 때 조심해야 할 점을 살펴보겠습니다. 정보 수집은 완벽함을 추구하다 보면 끝이 없습니다. 모든 정보를 조사·수집해야 한다고 집착해서는 안 됩니다. 어느 정도 충분한 정보를 모았다면 적당히 마무리 지을 필요도 있습니다. 다음의 두 가지 사항을 마음에 새겨둡시다.

- 100퍼센트 완벽한 정보는 손에 넣을 수 없다.
- 아직 부족하다고 느끼더라도 60~80퍼센트 정도의 정보만으로 충분하다.

'좋은 선택지'의 재료와 '쓸 만한 정보'를 모으자

[목적] 편히 쉴 수 있는 리조트가 있고 관광까지 즐길 수 있는 지역에서, 별 세 개짜리 이상의 호텔에 묵는다. 2박 3일, 50만 원 이내의 저렴한 여행 → 그 여행 계획을 이번 주까지 선택한다.

---

1. 목적에 맞는 키워드와 가설
   - 장소: 오키나와, 규슈, 홋카이도, 섬, 고도(古都), 온천지, 한국, 대만, 가까운 해외
   - 편히 쉴 수 있는 곳: 고급 리조트, 올인클루시브 호텔, 객실 개 수가 적고 방이 넓은 숙소
   - 저렴한 곳: 여성 할인, 계절 할인

---

2. 효율 좋은 정보원
   ① 여행을 좋아하는 친구나 지인(믿을 수 있는 경험자의 목소리)
   ② 여행 대리점(그 방면의 전문가)
   ③ 블로그, SNS, 여행 사이트(인터넷 검색)

---

3. 얻은 정보
   ① 오키나와의 ○○리조트(대리점 정보: 2017년 인기 No.1)
   ② 홋카이도의 운해(雲海) 감상 투어와 호텔(대리점 정보: 2018년 인기 No.1)

③ 규슈 벳푸 온천 – 건물 통째 예약 플랜(인기 여행 블로그 정보)

④ 한국 별 다섯 개짜리 호텔 미용 여행(여행 SNS 정보)

⑤ 대만 미식 & 지우펀 관광 플랜(여행을 좋아하는 친구의 정보)

⑥ 고도 가나자와 탐방과 온천 여관(여행 사이트의 입소문)

목적에 맞는
좋은 선택지를 만든다

앞에서 얻은 '쓸 만한 정보'를 토대로 이번에는 '좋은 선택지'를 만들어봅시다. 모은 정보를 종합적으로 판단하고 목적에 맞는 선택지를 만듭니다.

최종적으로 3~5개의 선택지로 좁히는 것을 목표로 삼습니다. 여러 선택지에서 비교·검토할 수 있는 개수로 줄이기 위해 다음의 두 가지 방법을 사용합니다. 조건에 못 미치는 선택지를 배제하는 '2단계 선발형'과 뛰어난 부분을 중시하는 '집중형' 방법입니다.

| 조건에 못 미치는 선택지를 배제하는 '2단계 선발형' |

고등학교나 대학교의 입학시험에서는 '2단계 선발형' 방법이 흔히 사용됩니다. 이것은 일정 수준이나 필요조건을 충족하지 않는 선택지를 배제하는 방법입니다.

예를 들어 입시의 합격 기준이 각 교과에서 최소 50점인 경우, 수학에서 최저 점수에 못 미치는 40점을 받으면 영어와 국어에서 100점씩 받아서 세 과목 총득점이 240점이더라도 불합격입니다. 하지만 모든 교과가 50점이라면 총득점이 150점이더라도 합격입니다.

2단계 선발형을 활용하면 필요한 여러 가지 요구 사항을 골고루 채울 수 있고, 성능이나 능력이 한쪽에 치우치지 않게 됩니다.

그러면 네 명의 친구들과 떠나는 여행의 선택지를 2단계 선발형으로 좁혀봅시다. 이번 여행의 목적에 비추어 보면 충족해야 할 기본적인 요구 사항은 다음의 두 가지입니다.

- 리조트 + 관광을 즐길 수 있는 지역
- 2박 3일로 갈 수 있는 지역

이 두 가지 사항 가운데 하나 이상을 충족하지 않는 선택지가 있다면 일단 배제합시다.

| 뛰어난 부분을 중시하는 '집중형' |

다시 입학시험을 예로 들어보겠습니다. 방금 설명한 2단계 선발형과는 반대로, 영어에서 100점을 받으면 국어와 수학이 20점이더라도 합격시키는 방법이 '집중형'입니다. 현재 예체능 특기자선발에서 이 방법을 활용합니다.

집중형으로 선택지를 좁히는 방법은 무언가 한 부분이 뛰어난선택지가 있다면 다른 요소는 문제 삼지 않습니다. 예를 들어 이여행에서 집중형을 활용해본다면 호텔의 등급을 약간 높여 '별 네개짜리 이상이고 50만 원 이내의 저렴한 여행 플랜'이라는 조건을세우고, 이 조건이 충족된다면 다른 요소는 보지 않겠다고 결정할 수도 있습니다.

| '2단계 선발형'과 '집중형'을 조합해서 선택지를 좁히자 |

'2단계 선발형'과 '집중형'을 조합해서 좋은 선택지를 만들 수 있습니다. 일단 2단계 선발형으로 불합격 요소를 배제합니다. 그러고 나서도 꽤 많은 선택지가 남아 있는 경우에는 집중형으로 조건을 상향 조정합니다. 예를 들어 '특별 서비스가 있는 곳', '가격이 저렴한 곳' 등의 조건을 추가할 수 있습니다. 반대로 먼저 집중형으로 선택지를 걸러낸 후 2단계 선발형을 나중에 적용해도 괜찮습니다.

이렇게 선택지를 걸러내다 보면 목적에 부합하는 선택지를 점점 좁힐 수 있습니다.

다음 페이지를 보기 바랍니다. 앞서 설명한 것처럼 이번 여행의 경우에는 지역과 숙소라는 두 가지 요소가 크게 영향을 끼칩니다. 124~125페이지에서 얻은 정보를 일단 2단계 선발형을 통해 다섯 지역으로 좁힙니다. 그 후 집중형으로 조건을 상향 조정해서 숙소의 선택지를 좁힘으로써 최종적으로 세 가지 선택지를 만들 수 있습니다.

🔲 목적에 맞도록 선택지를 좁히자

얻은 정보
① 오키나와의 ○○ 리조트
② 홋카이도의 운해 감상 투어와 호텔
③ 규슈 벳푸 온천 – 건물 통째 예약 플랜
④ 한국 별 다섯 개짜리 호텔 미용 여행
⑤ 대만 미식 & 지우펀 관광 플랜
⑥ 고도 가나자와 탐방과 온천 여관

[지역] 2단계 선발형을 통해 좁힌다.
리조트 + 관광을 즐길 수 있고, 2박 3일로 갈 수 있다.

다섯 지역으로 좁혔다!
① 오키나와 ② 홋카이도 ③ 한국 ④ 대만 ⑤ 가나자와

[숙소] 집중형을 통해 좁힌다.
별 네 개짜리 이상, 50만 원 이내의 저렴한 가격이 가능하다.

최종적으로 세 가지 선택지로 좁혔다!

A. 오키나와의 ○○ 리조트

B. 한국 별 다섯 개짜리 호텔 미용 여행

C. 고도 가나자와 탐방과 온천 여관

선택지를
평가한다

드디어 최종 단계에 왔습니다. 만든 선택지 중에서 하나를 고를 때입니다.

이 최종 단계에서는 선택지를 늘어놓은 후 눈을 감고 하나를 '얍!' 하고 뽑는 것이 아니라, 머리를 확실히 써서 논리적으로 생각하고 골라야 합니다. 그러기 위해 지금까지 만든 선택지를 평가할 필요가 있습니다. 방법은 여러 가지이지만, 가장 일상적으로 사용하기 쉬운 방법을 소개하겠습니다.

| 중요하게 여기는 부분을 '가시화'하자 |

앞에서 만든 선택지들을 서로 비교해서 목적에 맞고 자신이 원하는 조건에 가장 부합하는 선택지를 고릅니다. 이때 무작정 비교하다 보면 답이 나오지 않습니다. 그러면 어떻게 해야 할까요? 일단 자신이 중요하게 여기는 부분이 드러나도록 표를 작성합니다. 이 표가 '영향도 매트릭스'입니다.

영향도 매트릭스에서는 자신이 중요시하는 조건과 관심 높은 사항을 수치화함으로써 영향도의 경중을 표시할 수 있습니다. 여러 조건 중에는 '절대로 양보할 수 없는 중요한 조건'도 있고, '가능하면 좋지만 불가능하더라도 상관없는 가벼운 조건'도 있습니다. 이런 식의 감정적인 부분까지 수치로 평가한다면 최종적으로 어느 선택지를 고를지 자동으로 알 수 있습니다.

영향도 매트릭스는 다음의 일곱 가지 순서로 작성합니다.

1. 일단 가로축에 선택지 수만큼 칸을 만들고, 선택지를 하나하나 적어 넣습니다.

2. 이어서 세로축에 '선택지를 평가하는 항목'을 넣습니다. 이 항목은 비교·검토하고자 하는 요소를 나타내며, 목적 달성에

빼놓을 수 없는 조건입니다(3~5개, 많으면 7개까지).

3. 또한 세로축의 '선택지를 평가하는 항목'에 각각의 중요성이나 매력도를 감안해 '×3', '×9' 등 영향도의 가중치를 부여합니다.

4. 가로축의 선택지가 세로축의 '선택지를 평가하는 항목'을 얼마나 충족하는지, 10점 만점의 점수로 평가합니다.

5. 그 점수와 영향도의 가중치를 곱합니다.

6. 모든 항목을 더한 총점을 산출합니다.

7. 총점이 가장 높은 선택지를 최종적으로 선택합니다(만약 총점이 같은 선택지가 나온다면, 영향도가 높은 항목에서 더 높은 점수를 얻은 선택지를 최종 선택합니다).

그러면 친구 넷이서 떠나는 여행의 선택지와 조건을 영향도 매트릭스에 적용해봅시다. 평가 항목은 '힐링(편안하게 비일상적인 분위기를 음미할 수 있는 장소)', '관광 가능 여부', '호텔 등급', '저렴한 느낌(가격, 할인 비율, 특전 등)' 등 네 가지를 생각하기로 합시다.

각 평가 항목의 중요도와 느낌을 고려해서 가중치(영향도)를 수치로 넣었습니다. 그 항목에 대해 앞에서 좁힌 세 가지 선택지(여행 계획)가 얼마나 가치 있는지 10점 만점으로 점수를 매기고, 각 영향도의 수치를 곱합니다.

'영향도 매트릭스'로 선택지를 평가하자

평가 항목 (영향도)		A플랜 오키나와의 ○○리조트	B플랜 한국 별 다섯 개짜리 호텔 미용 여행	C플랜 고도 가나자와 탐방과 온천 여관
	힐링 ×9	8점	8점	7점 ◀
		계 72점	계 72점	계 63점
	관광 ×6	6점	8점	8점
		계 36점	계 48점	계 48점
	호텔 등급 ×7	7점	6점	8점
		계 49점	계 42점	계 56점
	저렴한 느낌 ×5	8점	5점	6점
		계 40점	계 25점	계 30점
총점		계 197점	계 187점	계 197점

점수는 10점 만점으로 환산한다.

점수×영향도의 수치=합계

중요시하는 요소에 '영향도'의 수치로 가중치를 부여한다.

이번 여행지는 총점이 가장 높은 A나 C 중 하나로!! 가장 중요시하는 '힐링' 점수가 높은 A 오키나와의 ○○리조트로 최종 결정!

총점을 내보면 이번 여행지는 A나 C 중 하나로 정하는 게 좋을 것 같습니다. 총점은 동점이지만 이번 여행에서 가장 중요시하는 '힐링' 점수가 높은 A플랜을 선택하는 것이 좋다는 결과가 나왔습니다.

이처럼 모든 요소에 일장일단이 있어서 결정을 내리기 힘들 때, 영향도 매트릭스로 점수를 매겨보면 도움이 됩니다.

또한 논리와 거리가 먼 감정적인 조건이라 하더라도 이런 식으로 표로 만들고 점수를 매겨서 평가한다면 합리적으로 판단하고 선택할 수 있습니다. 감각적으로 '얍!' 하고 선택하는 것보다는 훨씬 납득하기 편합니다.

이렇게 스스로 충분히 납득한 후 선택한다면 숙소를 예약하기 직전에 망설이거나 여행을 떠난 후에 '다른 곳으로 갈걸' 하고 후회할 여지가 사라집니다. 이로써 여행에만 집중하고 온전히 즐길 수 있는 분위기가 만들어집니다.

이 영향도 매트릭스의 장점은 자신의 주관적인 판단으로 중요시하는 조건에 가중치를 매길 수 있다는 점입니다. 아무리 객관적인 조건이 뛰어나더라도 자신에게 중요하지 않은 조건이라면 아무런 소용이 없습니다. 이 가중치를 부여함으로써 스스로 행복해지는 선택을 할 수 있게 됩니다.

영향도 매트릭스는 인생의 중요한 선택을 할 때도 활용할 수 있습니다. 예컨대 이직, 결혼, 장기 휴가 취득, 질병 치료를 위한 입원 등에 관한 선택을 할 때 유용합니다.

선택 후의 상황을
시뮬레이션한다

앞에서 영향도 매트릭스로 선택지를 평가하고 A플랜을 선택했습니다. 하지만 아직 할 일이 더 남았습니다.

선택이라는 것은 단순히 머릿속에서 '이렇게 하자!'라고 생각하는 데 그치지 않고, 행동으로 옮기는 것까지 포함합니다. 그래서 마지막으로 강하게 행동을 밀어붙여야 합니다. 실제로 불안해하지 않고 행동할 수 있도록, 또한 행동으로 옮긴 후에 망설이거나 후회하지 않도록, 스스로 자신의 등을 떠밀어주어야 합니다. 그러기 위해서 필요한 것이 시뮬레이션입니다.

그 선택을 행동으로 옮긴 후에 구체적으로 무슨 일이 일어날지, 장단점 및 위험 요소를 상정해봅니다. 장단점을 따져본 후에도 그 선택지에 문제가 없겠다 싶으면 더욱 자신감을 가지고 행동으로 옮길 수 있습니다.

│ '장단점 리스트'로 좋은 점과 나쁜 점을 비교하자 │

선택지의 좋은 점과 나쁜 점을 리스트로 작성해봅니다. 이 방법은 '장단점 리스트'라고 하며 의사결정을 하는 경영 회의나 영업 회의 등에서 흔히 활용합니다. 팀 내부의 대화를 중시하는 조직에서도 자주 사용하는 편리한 도구입니다.

덧붙여, 제가 근무했던 P&G에서는 "장단점은 생각해봤어?"라는 말을 일상 대화에서 입버릇처럼 사용할 정도였습니다. 장단점 리스트가 편리한 이유는 선택하기 위해 필요한 요소, 단계, 정리된 생각, 의사 확인, 상호 이해, 개선안, 합의 등이 이 하나에 전부 담겨 있기 때문입니다.

선택지의 좋은 점과 나쁜 점을 적고 생각을 정리해감으로써 자신이 실제로 무엇을 원하는지, 좋아하는 것과 싫어하는 것이 무엇인지 등의 의사를 다시금 이해하고, 필요하다면 선택지에 부족한 부분을 보충할 수 있습니다. 최종적으로 '이 정도라면 괜찮아!'라고 납득하고 선택할 수 있습니다.

'장단점 리스트'는 자기 혼자만의 선택은 물론, 많은 사람과 관련된 선택에서도 편리하게 활용할 수 있습니다. 많은 사람과 관련된 일은 관점과 가치관도 다양합니다. 따라서 선택지의 장단점을 작성하다 보면 미처 알아차리지 못했던 위험성을 깨달을 수도 있습니다. 그 선택지에 찬성한 여러 사람의 다양한 이유를 깨닫는다면 '그 선택지를 골라야 하는 근거'가 더욱 견고해지고 명확해질 수도 있습니다. 여러 가지 사고방식을 공평하게 받아들이고, 서로 이야기 나누면서 모두와 공유하고, 함께 판단해가는 과정을 통해 각자 나름대로 선택지에 납득하고 자신감을 지닐 수 있습니다.

장단점 리스트를 만드는 방법은 다음과 같이 간단합니다.

1. 종이와 펜을 준비하고 한가운데에 세로로 선을 긋습니다. 그리고 왼쪽에 선택지의 장점, 오른쪽에 단점을 생각나는 대로 최대한 적습니다.

'좋은 점과 나쁜 점', '장점과 단점', '○와 ×', '찬성과 반대', '가

(피)와 부(否)', '기회와 위험', '강점과 약점', '기대와 우려' 등 두 항목으로 대립하는 주제라면 무엇이든 적용할 수 있습니다. 이때 장단점의 이유까지 적으면 본질적인 핵심이 더욱 명확해집니다. 고려해야 할 선택지가 여러 개라면 그 하나하나에 관해서 장단점을 작성합니다.

2. 장단점을 모두 적은 뒤 가장 처음에 설정한 '내가 원하는 것=목적'에 비추어 보면서 각 선택지가 장점과 단점 중 어느 쪽에 치우치는지 판단합니다.

어느 쪽에 치우치는지 판단하는 방법은 제각각입니다. 예를 들어 다음의 판단 기준으로 생각해봅시다.

• 단순히 장점의 개수가 많은 쪽을 고른다.
• 중요도와 영향도에 가중치를 부여하고 평가한다.
• 압도적으로 커다란 위험성이 있는 단점이 발견되면 선택하지 않는다.
• 위험성이 크더라도 잘 대처할 수 있고 단점이 크지 않다면 선택한다.

목적에 따라 각 항목을 어떻게 정리하고 평가할지가 달라집니다. 그럼 또다시 여행의 사례로 돌아가봅시다.

135페이지에서 최종적으로 선택지 A로 결정했습니다. 하지만 과연 정말로 괜찮을까요?

다음 페이지처럼 장단점 리스트를 적어보면 단점인 '운전 문제'와 '10월의 태풍 문제'는 꽤 큰 영향이 있을 듯합니다. '여행을 즐긴다'는 최대 목적을 완전히 달성할 수 없을 가능성이 있습니다.

모든 선택은 항상 '나(우리)의 행복'으로 이어지는 것이 중요합니다. 그러면 여기에서 선택을 재고해볼 필요가 있습니다. 또 다른 동점 플랜인 C에 관해서도 마찬가지로 장단점 리스트를 작성해봅시다. 그러자 특별히 커다란 단점이 없어 보이고, 장점도 충분합니다. 그렇다면 C로 선택을 바꿀 수 있습니다.

장단점 리스트는 몇 가지 선택지 중에 선택하기 위한 평가 방법으로 사용할 수도 있습니다. 하지만 저는 이미 선택한 선택지를 실제로 추진해도 좋을지 판단하는 데 사용하는 편이 적합하다고 생각합니다.

냉정하게 단점과 위험성을 고려하고 선택한 결과를 구체적으로 시뮬레이션함으로써 '이대로도 괜찮다!'라고 행동으로 옮길 자신감을 얻을 수 있습니다. 또한 일을 진행하면서 마주칠 수 있는

'나의 행복'을 반드시 채워주는 선택지를 선택하자

최종적인 선택지 A와 C의 장단점을 적어봤더니……

A플랜: 오키나와의 ○○ 리조트

장점	단점
비일상 바다(헤엄칠 수도 있다) 음식이 맛있다	멀다(비행기 + 렌터카) 서로 운전을 미루려고 다툴 것 같다 10월에도 태풍이 찾아온다

C플랜: 고도 가나자와 탐방과 온천 여관

장점	단점
처음 가는 곳 온천 관광 명소가 많다 (단풍을 볼 수 있다) 음식이 맛있다	멀다(환승) 리조트 느낌이 없다

여행을 즐기는 최대 목적을 확실히 달성할 수 있는 C플랜을 선택하기로
결정!

위험에 대해 대책을 강구하거나 극복할 수 있습니다.

기나긴 고민 끝에 겨우 선택했지만, 마지막에 한 걸음 내디딜 용기가 없어서 실천하지 못한다면 아무 소용 없습니다. 이때는 자신감 있게 행동으로 옮길 수 있도록 스스로 등을 떠밀어주어야 합니다. 최종적으로 '이대로 나아가도 괜찮다'라고 스스로 허락을 내려준다면 합리적으로 납득했다는 기분을 품고 과감히 행동으로 옮길 수 있습니다. 이것이 장단점 리스트의 미덕입니다.

이번 여행처럼 모두를 대표해서 선택을 위임받은 경우에 "왠지 이렇게 결정하고 싶었어"라거나 "왠지 이 플랜이 좋을 것 같아서"라는 애매한 이유를 댄다면 다른 사람들이 납득할 수 없을 것입니다. 하지만 논리적 선택력을 활용한다면 왜 그런 선택을 했는지 이치에 맞게 설명할 수 있습니다. 목적에 부합하도록 논리적인 선택 과정을 거쳐 충분히 검토하고 내놓은 결론이라는 설명을 들으면 누구나 반발 없이 크게 기뻐하며 그 결정을 받아들여 줄 것입니다.

자신의 미래를 그리며 '앞으로 나아가는' 선택을 할 때 논리적 선택력을 꼭 활용해보기 바랍니다.

인생의 갈림길에서 활용하는 '정서＋논리 선택력' 키우기

자기 자신을 믿으면 그만이다.
그러면 분명히
살아갈 방도가 보일 것이다.

— 요한 볼프강 폰 괴테(시인)

마음과 머리를 동시에 활용해
후회 없이 선택한다

'STEP 2'에서는 마음을 앞세워 정서적으로 선택하는 방법을, 'STEP 3'에서는 확실히 납득하고 논리적으로 선택하는 방법을 이야기했습니다.

이 두 가지 방법을 조합해 사용한다면, 마음과 머리를 동시에 만족시키면서 자신감을 가지고 행복한 선택을 할 수 있습니다. 이 두 가지를 조합한 선택력을 저는 '정서＋논리 선택력'이라고 이름 붙였습니다.

정서＋논리 선택력은 일상의 사소한 일부터 인생에 커다란 영향을 끼치는 중대한 일까지 어떤 선택에든 사용할 수 있습니다.

예를 들어 '오늘 저녁 메뉴로 무슨 음식을 만들까?'라고 망설일 때도 정서+논리 선택력을 활용할 수 있습니다. 한번 시도해보겠습니다.

일단 목적을 정합니다. '시간이 없으니까 덮밥처럼 한 가지 요리로 끝낼 수 있는 간단한 메뉴로 하자', '점심에는 대충 먹었으니까 저녁에는 영양 균형을 잘 갖춘 음식을 먹어야지', '많이 먹는 아이를 위해 뭐든지 잔뜩 만들어야겠어'라는 식으로 목적을 정할 수 있겠지요. 그 후 정서적 선택력과 논리적 선택력을 조합해서 선택지를 만들고 평가한 후 선택합니다.

먼저 정서적 선택력을 활용해봅시다. '오늘 나는 뭘 먹고 싶은가?' 하고 자신의 기분을 살펴봅니다. 그날의 입맛에 따라 한식, 일식, 중식, 양식 등 요리의 장르를 선택하거나 그날 먹고 싶은 재료를 선택합니다. 어디까지나 정서적 선택력을 활용하는 것이기 때문에 자신이 정말로 먹고 싶은 음식을 고른다는 기분을 앞세워 선택해야 합니다.

그러고 나서 논리적 선택력을 활용합니다. 최근 며칠 동안 먹은 메뉴, 냉장고에 들어 있는 재료, 영양 균형, 재료 구입 예산, 요리를 만드는 시간 등을 고려해서 목적에 맞는 메뉴의 선택지를 만듭니다.

이처럼 정서적 선택력과 논리적 선택력을 조합하는 정서+논리 선택력은 둘 중 하나의 방법을 사용해 선택한 후에 또 다른 방법으로 그 선택을 확인·검증하는 단계를 거칩니다.

자신의 기분이나 감각을 바탕으로 정서적 선택력을 활용해 '이게 좋겠어'라고 선택한 후에는 논리적 선택력을 활용해 확실한 정보, 조건, 수치를 따져서 그 선택을 확인·검증하는 것입니다.

반대로 논리적 선택력으로 납득할 만한 선택지를 내놓은 후 정서적 선택력으로 확인·검증할 수도 있습니다. 논리적 선택력으로 선택한 결과에 정서적으로 위화감을 느끼지 않는지, 자신이 그 선택을 해서 행복한지 등을 확인·검증하는 것입니다.

인생에 변혁을 일으킬 만한 커다란 선택을 할 때는 정서+논리 선택력을 최대로 활용해야 합니다. 이러한 '인생의 갈림길'에서는 가능하면 확실한 선택을 해야 하기 때문입니다.

대표적인 인생의 갈림길로 업무상에서는 취직, 부서 이동, 이직 등을 들 수 있고, 사생활에서는 결혼, 출산, 이혼 등을 들 수 있습니다. 덧붙여, 임신과 출산을 계획하고 있는 여성이라면 이를 한없이 미룰 수 없으므로 선택의 타이밍을 놓쳐서는 안 됩니다.

이러한 삶의 중요한 대목을 흔히 '인생의 전환기'라고 부릅니다. 인생의 전환기에서 선택을 어떻게 하느냐에 따라 그 후의 삶이 달라집니다. 그러므로 이 커다란 전환기에서는 더더욱 선택을 그르쳐서는 안 됩니다. 되도록이면 'STEP 3'에서 익힌 논리적 선택력을 활용해 일찌감치 좋은 선택지를 확실히 수중에 넣고, 적절한 타이밍이 오면 확신을 가지고 선택해야 합니다.

하지만 그렇게 생각하면서도 미래의 불확실한 요소가 너무나 많은 것이 현실입니다. 눈앞에 보이는 조건이나 경험만으로는 알 수 없는 일들과 예측하기 힘든 새로운 만남 등은 매우 불확실합니다. 즉, 미래는 쉽게 계획할 수 없습니다. 그렇다면 어떻게 미래를 결정하는 선택을 하면 좋을까요?

중요한 것은 '나의 행복'이 무엇인지 알아두는 것입니다. 애초에 정서적 선택력이든 논리적 선택력이든 모두 '나의 행복'을 위한 수단입니다.

중대한 일을 앞에 두고는 '반드시 해내고 싶다!'라는 커다란 감정, 즉 정서적인 힘이 필요합니다. 그리고 이 정서적인 힘의 연장선상에는 언제 어디서나 늘 추구하는 '나의 행복'이 존재합니다.

내가 행복해지는 미래를 향해, 그리고 내가 원하는 미래를 향해 나아가는 힘은 실로 생명력 그 자체입니다.

'내가 마음속 깊이 느끼는 행복은 과연 무엇인가?'

'나는 어떤 식으로 살고, 어떤 인생을 보낼 것인가?'

'무엇을 소중히 여기고 싶은가?'

이러한 질문의 답을 평소에 생각해둔다면, 그것이 인생의 전환기를 맞이했을 때 중요한 판단 기준이 됩니다. 판단 기준만 있다면 행동을 촉진하는 정서적 선택력이든, 냉정하게 판단하는 논리적 선택력이든, 활용하기 쉬워집니다.

이번 장의 초반에서는 정서+논리 선택력을 구사하기 위해 다음의 두 가지에 관해 이야기하겠습니다.

• 살아가면서 실현하고 싶은 '나의 행복'을 알아두기
• 경력의 전환기, 신체의 전환기, 인생의 전환기를 알아두기

정서(마음, 감정)+논리(머리) 선택력은 곧 인생의 거친 파도에 굴하지 않는 '생존력'입니다.

정서+논리 선택력을 통해 경험, 지식, 생존 본능과 같은 모든 감정과 감각을 충분히 활용하면서도 냉정한 판단을 내리고 진심으로 행복하다고 느낄 수 있는 선택을 합시다.

'나의 행복' 비전을
그려본다

인생의 중대한 타이밍에서 정서+논리 선택력을 활용해 원활히 선택하기 위해 중요한 것은 '나의 행복'을 철저히 파헤치는 일입니다.

'STEP 0'에서 이야기했듯이 앞으로의 시대 변화를 예상해보면 밝은 미래의 시나리오도 그릴 수 있고, 암울한 미래의 시나리오도 그릴 수 있습니다.

사회의 구조와 가치관 및 생활 방식이 급격히 변화함에 따라 가지고 싶은 물건과 하고 싶은 경험과 살아가는 방식까지 마음대로 골라 맞춤형 인생을 짤 수 있는 시대가 되었습니다. 이는 반면에 예전처럼 롤 모델이나 모범 사례가 존재하지 않기 때문에 무엇이 좋고 올바른지 알 수 없는 세상이 되었다는 뜻이기도 합니다. 이런 세상에서는 어떤 인생을 살아가고 싶은지 스스로 생각하고 답을 발견할 수밖에 없습니다.

앞으로는 자신을 중심으로 자신의 행복을 위해 인생을 디자인해야 합니다.

| 미래에 대한 불안을 에너지로 사용하자 |

인생의 갈림길에서 '이대로 있어도 괜찮을까?', '앞으로는 어떻게 될까?', '어떻게 하면 좋을까?'라면서 불안해하거나 망설이는 경우가 있습니다. 당장의 고민에 대해서는 선택을 잘하는 사람이라도, 문득 미래로 시선을 돌리면 불확실한 앞날을 상상하며 불안해합니다. 이렇게 말하는 저 자신도 회사를 그만두고 독립한 직후에 불안이 매우 컸습니다.

저는 "회사원이었을 때와 지금을 비교하면 어떻게 다릅니까?"라는 질문을 자주 받는데, 그럴 때마다 "전에는 불만과 불안이 있었습니다. 그런데 지금은 불만은 사라졌고 불안은 남아 있습니다"라고 대답합니다.

하지만 그것은 어쩔 수 없는 일입니다. 모든 불안은 결국 '더 나은 미래를 만들고 싶다'는 생각에서 비롯됩니다. 어떤 일에든 위험이 수반되기 때문에 미래를 그리면 항상 불안이 따라다니는 법입니다.

그렇다면 차라리 불안한 마음 자체를 에너지로 활용하면 어떨까요? 불안한 요소를 예상하고 확실히 인식한 후 유연하게 대처해나감으로써 불안을 극복하고 즐거운 미래를 만들 수 있는 것입니다.

불안한 미래를 즐거운 미래로 바꾸는 비결은 다음의 두 가지입니다.

1. 나의 행복한 인생을 그리는 것
2. 나의 행복한 인생으로 이어지는 길을 유연하게 수정하면서 나아가는 것

먼저 첫 번째 비결에 관해 설명하겠습니다.

｜'나의 행복'은 인생을 이끄는 북극성이다 ｜

행복한 인생을 선택하기 위해 '나의 행복'을 그려봅시다. 지금까지 끈질기게 설명해왔듯이 제대로 선택하려면 '내가 원하는 것', 즉 '목적'을 확실히 정해야 합니다.

'나의 행복'은 눈앞의 목적보다 한참 뒤에 존재하는 장기적이고 커다란 목적입니다. 그러한 장기적인 목적을 '비전'이라고 부릅니다.

비전은 하늘에서 밝게 빛나는 북극성과 같은 존재입니다. 헤매고, 고민하고, 불안에 떨고, 출구가 좀처럼 보이지 않고, 지금 하는 일이나 손에 쥐고 있는 능력에조차 자신감이 없는 상황……. 그런 어둠 속에서도 북극성을 발견한다면 희망이 보입니다. 자신이 지금 있는 위치, 가야 할 길, 목적지를 발견하고 안심할 수 있습니다.

'인생의 북극성＝비전'이 곧 '나의 행복'입니다. 그것은 자신의 목적지를 계속해서 안내해주는 존재입니다. 이 북극성만 있다면 빛나는 길을 따라 불안 없이 나아갈 수 있고, 길을 벗어나도 곧바로 수정할 수 있습니다.

그러면 '나의 행복'이란 무엇일까요? 그것을 찾기 위해서는 정서적 선택력을 최대로 활용해야 합니다. 나의 행복은 곧 나의 커다란 욕망이기 때문입니다.

행복의 대상은 사람마다 다릅니다. 따라서 저마다 추구하는 행복의 모습이 달라도 괜찮습니다.

구체적으로 상상해보기 바랍니다. 화려한 인테리어에 둘러싸인 고급스러운 호텔의 한 방이 있습니다. 그곳에서는 늘 맛있는 식사가 차려지고, 하루 종일 마음대로 시간을 보낼 수 있고, 밤에는 편안한 침대에서 잘 수 있습니다. 웃음 띤 호텔 직원들이 어떤 욕망이든 들어주고, 최첨단 의료의 혜택도 누릴 수 있습니다. 실로 더할 나위 없는 환경입니다. 그곳에서 일생을 보낸다고 상상해보기 바랍니다.

'나'는 행복할까요?

아마도 꼭 그렇지만은 않겠지요.

그렇다면 나답게 지낼 수 있는 환경에서 나답게 시간을 보낸다면 틀림없이 더 행복할까요? 애초에 '나답게 행복하게 지내는 모습'이란 어떤 모습일까요?

꼭 많은 것을 손에 넣어야 행복하다고 할 수는 없겠지요. 그렇다고 모든 것을 버려야 행복할 수 있다는 뜻도 아닙니다.

미국의 저명한 작가인 데일 카네기(Dale Carnegie)는 "행복은 외부 조건과 상관없다. 마음가짐이 중요하다"라고 말했습니다. 즉, 틀에 박힌 사고방식에 사로잡히고 세상과 주변의 평가에 신경 쓰면서 '이것이 행복이다', '아니다, 저것이 행복이다'라고 갑론을박할 필요가 없는 것입니다.

무엇보다 중요한 것은 '나는 무엇을 할 때 마음이 편한가?', '나는 무엇을 원하는가?'를 이해하는 것입니다.

남에게 민폐를 끼치지 않기 위해 사회 규칙을 잘 지키도록 노력하면서 사회생활을 착실히 영위하는 우리는 자신의 욕구에 무심하거나 자신의 욕구를 감추는 데 익숙합니다. 그래서 자신이 무엇을 하고 싶은지, 무엇을 원하는지 알지 못하는 사람이 많습니다.

물론 사회의 규칙이나 남들에 대한 배려는 중요합니다. 하지만 남들에 대한 배려와 자신의 욕구 충족은 상반되는 일이 아닙니다. 사회나 개인의 가치관이 변화하고 다양화되고 있는 지금(즉, 모두가 동의하는 정답 따위는 없습니다!), 가장 흔들리지 않는 지침은 '나'입니다.

'내가 행복하다'고 생각하는 것을 소중히 여기고, '내가 행복하다'고 생각하는 것을 선택하면서 미래의 행복한 내 모습과 내 인생으로 나아가면 그만입니다.

◼ '나의 행복'을 적어봅시다

다음의 ○○에 해당하는 것을 가능한 한 많이 적어보세요.

▸▸ 나는 ○○일 때 행복하다.

▸▸ 나는 ○○라는 곳에 있으면 행복하다.

▸▸ 나는 ○○와 함께 있으면 행복하다.

▸▸ 나는 ○○를 하고 있으면 행복하다.

▸▸ 나는 ○○가 있으면 행복하다.

▸▸ 나는 ○○를 받으면 행복하다.

▸▸ 나는 ○○를 느꼈을 때 행복하다.

▸▸ 나는 지금 ○○라서 행복하다.

▸▸ 내 미래는 ○○라서 행복하다.

▸▸ 나는 ○○를 잃으면 행복하지 않다.

▸▸ 죽기 전에 '나 자신을 더욱 행복하게 만들어줄걸'이라고 후회한다면 그 이유는 무엇일까? 무엇이 있었으면 또는 무엇을 했다면 나 자신을 더욱 행복하게 만들 수 있었을까?

📖 내 인생의 북극성(비전)을 찾아보자

자신이 인생의 후반부에 어떻게 될지 그 모습을 떠올리고, 생각나는 대로 적어봅시다. 일, 가정, 돈, 시간, 인간관계, 취미, 능력, 인격……. '그건 아마 불가능할 거야'라는 식으로 스스로 제한하지 말고 '무엇이든 할 수 있다', '무엇이든 손에 넣을 수 있다'라고 자유롭게 상상하기 바랍니다.

또한 다른 사람의 눈이나 평가를 의식하지 말고, 자신이 미래에 정말로 하고 싶은 일인지에만 의식을 집중하세요. 그리고 그 상상은 '홀로 사는 외로운 생활' 같은 부정적인 모습이 아니라, '사랑하는 사람과 함께 있는 생활'처럼 긍정적인 모습으로 펼쳐나가기 바랍니다.

▶▶ '더 이상 쓸 게 없다'라는 생각이 들 때까지 모두 썼다면, 지금까지 써 내려간 내용을 찬찬히 살펴보세요.

▶▶ 비슷한 말을 모아서 몇몇 그룹으로 나누거나 중요한 말을 뽑아내서 정리합니다.

▶▶ 마지막으로 우선순위를 매깁니다. 그러면 내가 더 행복하다고 느끼는 요소, 인생에 영향이 큰 요소가 중요 항목으로 리스트 위에 올라올 것입니다.

인생의 전환기를 스스로 디자인한다

불안한 미래를 즐거운 미래로 바꾸는 선택을 하기 위해 두 가지 비결을 소개했습니다. 첫째는 '나의 행복한 인생을 그리는 것'이었습니다. 그리고 또 하나의 비결은 '나의 행복한 인생으로 이어지는 길을 유연하게 수정하면서 나아가는 것'이라고 이야기했습니다.

우리를 둘러싼 상황은 매일같이 변화합니다. 그 변화에 의해 우리의 일상과 미래도 영향을 받습니다. '나의 행복한 인생'이라는 북극성을 향해 걸어가던 길이 도중에 끊기거나, 어느샌가 코스를 이탈하거나, 오르막길과 내리막길이 반복되기도 합니다. 따라서 우리는 변화를 일찌감치 포착하거나 미리 예상함으로써 북극성으로 이어지는 길을 유연하게 선택하고 궤도를 수정하면서 나아갈 필요가 있습니다.

그러기 위해서는 '내 인생의 전환기는 언제인가?'에 대한 답을 미리 알아두어야 합니다.

│ '전환기'의 타이밍에 나아갈 길을 수정하자 │

인생의 전환기에는 중요한 선택을 해야 합니다. 인생의 전환기는 '나의 행복'이라는 북극성을 향해 나아가는 도중에 길이 잘못되지는 않았는지, 길에서 벗어나 있지는 않은지 등 진척 상황을 확인하고 관리하는 타이밍이기도 합니다.

'STEP 1'에서 무언가를 선택할 때는 마감 기한을 설정하는 것이 중요하다고 설명했습니다. 인생의 전환기를 선택의 마감 기한으로 삼는다면, 적시에(시기를 놓치지 않고) 전환기의 선택을 해나가는 것은 지금의 인생 무대를 소중히 여기면서 다음 단계의 인생 무대를 준비하는 일과 같습니다. 그 전환기의 준비를 도와주는 것이 인생의 '전환기 예보'입니다.

우리 인생은 '전환기'에 크게 좌우됩니다. 크게 나누면 경력의 전환기, 신체의 전환기, 인생의 전환기 등 세 가지로 볼 수 있습니다.

- 경력의 전환기 – 취직, 부서 이동, 전근, 이직, 승진 등
- 신체의 전환기 – 몸 상태, 체형, 미용, 질병, 갱년기 등
- 인생의 전환기 – 만남, 연애, 결혼, 출산, 이혼 등

날씨와 마찬가지로 이러한 전환기는 사전에 대비해두면 만약의 사태가 일어났을 때도 여유롭게 대처할 수 있습니다. 전환기 전후에는 중요한 선택의 타이밍이 찾아온다는 사실을 염두에 두고 일찌감치 대비책을 마련해두는 것입니다.

가끔은 경력의 전환기나 신체의 전환기가 갑자기 찾아오는 경우도 있지만, 대체적으로 어느 나이대에 찾아올지 우리는 알고 있습니다.

예를 들면 30세, 40세, 50세 등 나이의 앞자리 숫자가 바뀌는 시기는 전환기 예보가 필요한 때입니다. 인생이나 업무상으로나 가장 우여곡절이 많은 30~50대 사이에는 부서 이동, 승진, 이직 등의 선택지가 출현합니다.

한편, 신체 면에서는 체력이 떨어지고 피부의 탄력이 사라집니다. 여성 질병을 신경 써야 하는 시기이기도 합니다. 여성호르몬의 변화가 신체와 인생에 미치는 영향이 커지고, 그에 따른 업무상의 변화가 심해지는 것은 여성의 특성입니다.

또한 잊어서는 안 되는 인생의 전환기가 결혼과 출산입니다. 결혼과 출산은 인생에서 획기적인 사건이지만, 예전처럼 '때가 되면 자연스럽게 누구나 하게 되는 것'이 아닙니다. 아무리 커다란 인생의 전환기라도 그 타이밍을 스스로 선택해서 행동을 일으키지 않으면 그 전환기는 찾아오지 않습니다.

경력의 전환기와 신체의 전환기는 자기 인생의 어느 부분에서 찾아올지 대략적인 타이밍을 알 수 있습니다. 가능하면 스스로 전환기의 타이밍을 설정하고 일찌감치 디자인해나가는 것이 좋습니다.

여기서 디자인이란 미래에 관해 궁리하고 내가 원하는 인생 자체를 맞춤형으로 만들어가는 것을 의미합니다.

- 그 시기가 되면 무엇을 소중히 여기고 싶은가?
- 무엇을 얻고 싶은가?
- 무엇에 초점을 맞추고 싶은가?

이러한 인생 맞춤 설계에 정서＋논리 선택력을 활용하면 좋습니다. 그러면 인생의 전환기에 확실하면서도 만족스러운 선택을 할 수 있습니다.

| 인생의 전환기를 기회로 만드는 비결 |

제 친구 Y가 정서＋논리 선택력으로 선택한 인생의 커다란 선택인 '결혼'을 예로 들어 설명하겠습니다.

Y는 35세이며 5년 동안 사귀던 남자 친구와 결혼하기로 선택했습니다.

가장 먼저 그녀가 설정한 것은 '목적'입니다. 그녀에게 결혼하는 것 자체는 목적이 아닙니다. '행복한 결혼 생활'이 목적입니다. 그녀는 '나에게 행복한 결혼 생활이란 무엇일까?'에 관해 깊이 고민했습니다.

그녀가 원하는 결혼 생활은 '서로의 부모님을 소중히 여기고, 유대감이 강한 가정을 이루는 것'입니다. 유서 깊은 집안 출신인 그녀는 친척과의 친밀한 교류와 가족과의 유대감을 중시했습니다. 착실히 가족을 지켜온 어머니의 모습도 닮고 싶었습니다.

또한 남자 친구를 얼마나 좋아하느냐 하는 정서적인 부분도 중요한 요소입니다. '이 사람과 함께 있고 싶다', '이 사람의 아이를 낳고 싶다'라는 열정은 결혼이라는 대사건을 이루어내는 가장 큰 힘이며, 정서적 선택력에 의지해야 할 부분입니다.

그러나 단순히 사귀면서 함께 지내는 것과는 달리, 결혼이란 장기간에 걸쳐 가족으로서 생활을 공유해가겠다는 계약을 맺는 것입니다. '좋아하니까 결혼을 선택한다'라는 정서적인 선택을 보강하기 위해서는 논리적 선택력을 통해 배우자와 하나의 팀이 되어 생활해나가는 데 필요한 조건을 현실적으로 충족할 수 있는지 고민해야 합니다.

그래서 그녀는 목적으로 삼는 가정생활을 함께 만들어나가는 데 필요한 능력이나 조건을 135페이지에서 소개한 '영향도 매트릭스'로 검토했습니다. 예를 들어 '금전 감각'이라는 항목으로 남자 친구가 돈을 헤프게 쓰지 않는지, 빚이 없는지, 어떤 곳에 어떻게 돈을 쓰는지 등 돈에 대한 가치관을 체크했습니다.

또한 경력의 전환기를 고려한다면 결혼 후에 자신이 얻고자 하는 것을 손에 넣을 수 있을지, 행복을 느낄 수 있을지, 타이밍은 과연 지금이 적절한지 확인할 필요도 있다고 생각했습니다. 그래서 논리적 선택력을 활용해 143페이지에서 소개한 '장단점 리스트'로 장점과 단점을 각각 적어보았습니다.

170페이지를 보면, 남자 친구와 결혼하는 것의 장점으로는 그와 가정환경이 비슷하고 가치관이 닮았다는 점을 들었습니다. 그러나 한편으로 부정적인 요소도 있습니다. 시골 출신인 남자 친구가 친척들과의 교류가 잦다는 점, 그가 해외 전근을 갈 가능성이 높다는 점, 그의 해외 전근 시기는 자신의 경력 형성을 위한 중요한 시기와 겹칠 수 있어서 자신의 경력을 포기해야 할지도 모른다는 점 등입니다.

어떤 선택을 하더라도 위험성, 단점, 불안, 걱정 등의 부정적인 요소는 반드시 존재하기 마련입니다. 하지만 장단점 리스트를 통해 객관적으로 장단점을 늘어놓음으로써 그 불안과 걱정을 줄이는 대책을 마련하거나, 더 중요한 선택을 위해 다른 선택을 포기할 수 있습니다. 혹은 그 선택지가 그다지 중대한 일은 아니라는 점을 깨닫기도 하고, 어쩌면 충분히 극복해나갈 수 있는 문제라고 여겨질지도 모릅니다.

또한 위험성을 모두 염두에 두고 선택함으로써 그 후에 힘든 일이 생겨도 긍정적으로 받아들일 수 있게 됩니다.

그녀는 기나긴 고민 끝에 "장단점을 모두 적어보고 장점이 조금 더 많았기 때문에 결혼해도 괜찮겠다고 결정했어"라며 결혼을 선택했습니다.

덧붙여, 그녀는 업무 경력이 단절될지도 모른다는 문제에 관해서 '휴직했다가 직장에 복귀해도 사내 평가가 떨어지지 않도록 사내 교류를 돈독히 해둘 것'이라는 대책을 세웠습니다. 또한 남자 친구의 친척과 교류하는 것은 힘들지도 모르지만, 그것은 그녀의 결혼 목적인 '유대감이 강한 가정 만들기'와 합치한다는 점도 확인했습니다. 지금까지 오로지 경력을 쌓는 데만 집중해왔던 인생의 길을 수정하고, 인생의 전환기인 결혼을 선택해서 따뜻한 가정과 든든한 직장이 있는 인생을 스스로 디자인하기로 결심했습니다.

이처럼 비전과 전환기를 염두에 두고 정서+논리 선택력을 활용한다면, 부정적인 요소가 있더라도 그것을 그저 불안하게 느끼거나 우물쭈물 망설이는 일 없이 몸과 마음으로 충분히 납득한 후 선택할 수 있습니다.

경력, 인생, 건강 등은 때로는 기한이 있다는 사실을 알아두십시오. 그러므로 포기하거나 뒤로 미루지 말고 일찌감치 선택함으로써 스스로 행복해질 수 있는 맞춤형 직장 생활과 가정생활을 만들어나가야 합니다.

예상할 수 있는 인생의 전환기를 앞에 두었다면 미리미리 '그

때가 오면 어떻게 할지' 생각하면서 조금씩 대책을 마련합시다.
그리고 적절한 시기에 때를 놓치지 말고 선택해야 합니다. 이것
이 인생의 전환기를 기회로 만드는 비결입니다.

📱 인생의 전환기 '결혼'을 정서＋논리 선택력으로 선택한다

1	정서적 선택력으로 '목 적'을 정한다	'나의 행복한 결혼 생활'이란? 서로의 부모님을 소중히 여기고, 유대 감이 강한 가정을 만들고 싶다

2	정서적 선택력으로 방 향성을 확인한다	본능의 목소리는? '이 사람과 함께 있고 싶다', '이 사람의 아이를 낳고 싶다'라는 열정과 애정

[선택지] ① 정서적 선택력에 따라 결혼한다.
② 결혼하지 않는다.

3	논리적 선택력으로 선 택지를 평가한다	이상적인 가정생활을 함께 만들어나가 는 데 필요한 능력이나 필요조건을 체 크한다(영향도 매트릭스) 평가 항목은 생활력, 금전 감각, 업무 능력, 건강, 애정, 성격, 가치관, 교우 관 계, 가족 관계 등

	선택의 장단점을 늘어놓는다(장단점 리스트)
4 선택을 행동으로 옮긴 후의 상황을 논리적 선택력으로 시뮬레이션한다	장점: 가정환경이 비슷하다, 가치관이 닮았다, 가족의 유대감을 함께 만들어나갈 수 있다, 사랑받고 있다 단점: 남자 친구의 친척과 교류하기가 부담스럽다, 나의 경력에 지장을 주기 때문에 이직이 필요할지도 모른다

[결정] ① 정서적 선택력에 따라 결혼한다.

경력의 전환기를
준비한다

앞에서 경력의 전환기, 신체의 전환기, 인생의 전환기 등 3대 전환기에 관해 이야기했습니다. 인생 전반에 영향력이 큰 경력의 전환기에 관해 조금 더 이야기해보고자 합니다.

경력의 전환기는 업무 내용이 크게 달라지는 시기입니다. 이때 업무는 '사회와 연관되는 활동 전반'을 의미합니다. 회사에서 급여를 받는 일, 창업, 부업뿐 아니라 자원봉사, 학부모회 활동 등 보상을 받지 않는 일까지 포함됩니다. 사회 안에서 누군가에게 도움을 주는 일, 삶의 보람을 느끼는 일도 모두 업무에 포함됩니다.

업무는 그 내용과 방식에 따라 여러 가지로 선택할 수 있습니다. 예를 들어 일을 하다 보면 다음과 같은 사항을 생각하게 될 것입니다.

- 지금 하고 있는 일을 계속 할까?
- 부서 이동을 신청할까?
- 일을 조금 쉬엄쉬엄 할까?
- 지금은 내 가정을 희생하더라도 일만 열심히 해야 할 때인가?
- 일단 그만둘까?
- 출세를 목표로 삼을까?
- 전문성을 더 늘릴까?
- 새로운 전문성을 익힐까?
- 경력을 쌓기 위한 공부를 할까?
- 창업할까?
- 부업을 시작할까?

지금 하고 있는 일에 위화감을 느끼면서도 좀처럼 변화하지 못하는 경우가 있습니다. 예전의 저도 '나답게 일한다는 것은 무엇일까?'라고 고민했습니다. 그리고 지금 제 주변에도 '지금 하는 일이 정말로 내가 하고 싶은 일인지 자신감이 없다', '좋아하는 일을 하면서 먹고살 수 있을지 모르겠다', '좀 더 업무에 동기부여가 됐으면 좋겠다'라는 식으로 고민하며 제자리걸음을 하고 있는 사람이 많습니다.

이는 모두 경력의 전환기를 맞이해 방황하고 망설이는 현상입니다. 경력의 전환기에 선택을 망설일 때의 대책은 인생의 전환기 및 신체의 전환기를 맞이했을 때와 동일합니다.

- 그 시기가 되면 무엇을 소중히 여기고 싶은가?
- 무엇을 얻고 싶은가?
- 무엇에 초점을 맞추고 싶은가?

위 세 가지 질문을 중심으로 돈과 시간을 어떻게 활용하고 어떻게 일할지 선택해서 삶을 디자인해나가야 합니다.

예를 들어 제 경우에는 안정된 대기업에서 나와 아무런 보장도 없는 창업의 길을 걷기 시작했습니다. 이는 실로 인생을 바꾸는 매우 큰 선택이었습니다.

그 계기는 서른대여섯 살 때였습니다. 첫째 아이를 낳고 직장에 복귀한 후, 어린이집의 다른 엄마들이 여러 가지 사정으로 일을 그만두는 모습을 보고 '아까워라, 아직 여성이 사회에서 활약하기가 어려운 환경인 건가?'라는 의문을 품었습니다.

그리고 저 자신도 아이를 어린이집에 보낸 후 정시에 퇴근하기 위해 회사 구석구석을 바쁘게 돌아다니면서 그날 할 일을 겨우겨우 마치고 서둘러 아이를 찾으러 갔습니다. 아침부터 밤까지 줄곧 뛰어다니다 보니 '지금 하는 일이 아이와 떨어져 지내면서까지 해야 할 만큼 내 인생에 큰 의미가 있는 것일까?'라는 생각이 들 때도 자주 있었습니다. 당시는 출산한 여성이 회사에 꾸준히 다니기가 어려운 시절이었고, 자신이 무엇을 하고 싶은지는 모르겠지만 '이대로는 안 된다'는 기분이 울컥울컥 올라와서 과감히 회사를 그만두고 독립을 선택했습니다.

여기까지만 들으면 '아주 무모한 선택이로군!'이라고 생각할 것입니다. 그때의 선택에 이르기까지의 과정을 구체적으로 풀어보겠습니다.

경력의 전환기에 새로운 업무 방식을 선택하는 법

일단 '지금 이대로 살면 안 될 것 같아'라고 느끼고 '아이와 보내는 시간을 소중히 여기면서 여성의 활약을 지원해주는 일을 하고 싶다'라는 목적을 설정했습니다.

이어서 정서적 선택력으로 방향성을 결정했습니다. '지금 이대로는 안 될 것 같다'고 생각하면서 일하는 것은 괴로웠습니다. 미래가 보이지 않았습니다. 그래서 저는 회사를 그만두고 싶은 마음으로 가득하다는 점을 스스로 확인했습니다.

다음으로 논리적 선택력으로 선택지를 만들었습니다. 회사를 그만두고 싶은 기분은 강하지만 불안도 만만치 않았습니다. 그만 두었을 경우의 선택지('전 직장인 패션업계로 돌아간다', '같은 외국계 기업으로 이직한다', '전업주부를 한다', '창업한다' 등)를 내놓고 각각의 선택지를 평가한 결과, 전업주부나 이직은 아니라고 판단했습니다. 결국 '지금 이대로 일한다'와 '창업한다'라는 두 가지 선택지가 남았습니다.

그다음으로는 논리적 선택력을 활용해 선택지를 실천으로 옮겼을 때의 상황을 시뮬레이션했습니다. 단순히 비교해보면 '지금 이대로 일한다'라는 선택이 당연히 안정적이고 좋았습니다. 하지만 제 비전과 인생의 전환기를 생각해보자 판단이 달라졌습니다. 30대 중반이라는 나이는 창업하는 데 매우 적당하다고 생각했습니다. 경력을 쌓아온 경험과 도전할 수 있는 기력이 충분한 나이

이기 때문입니다. 만약 실패하더라도 다시 도전할 수 있는 체력과 열정도 있었습니다. 창업하면 아이를 돌볼 시간도 자유롭게 낼 수 있고 제가 그리는 인생을 디자인할 수 있을 것 같았습니다.

마지막으로 정서적 선택력으로 제 선택을 확인해보았습니다. '창업을 함으로써 앞으로 내 비전에 다가가는 인생을 보내고 싶다!'라는 기분을 마음속 깊이 깨달았습니다. 지금 다니는 회사에서 여성의 활약을 응원하는 일을 할 수 있을지도 모르지만, P&G 외의 사람에게도 제 비전을 전하고 싶은 마음이 컸습니다. 그렇다면 회사를 그만두고 외부에서 활약할 수밖에 없었습니다.

이렇게 저는 '정서(회사를 그만두고 싶다) → 논리(인생과 경력의 목적을 이룰 수 있는 선택지를 만들고 평가하고 시뮬레이션한다) → 정서(비전을 실현하고 싶다!)'라는 흐름을 거쳐 회사를 그만두는 선택을 했습니다.

그리고 지금은 연수 사업을 하며 여성의 리더십과 커뮤니케이션 등에 관해 기업이나 지방자치단체에서 강연하고, 기업을 대상으로 브랜딩이나 상품 가치 창조를 조언하고, 여성용품 브랜드 'The LADY'를 운영하고 있습니다. 왠지 업무 분야가 잡다하게 흩어져 있는 것 같지만, 저 나름대로는 일관되게 '여성의 활약을 응원하고 여성의 행복을 지원해주는' 일을 하고 있습니다.

'한 걸음 내딛고 싶은데……'라고 망설이면서 제자리걸음을 하는 사람이 있다면, 위와 같은 제 경험을 참고삼아 첫걸음을 내디며보는 것은 어떨까요? 물론 지금 일하는 곳에서 실력을 키우고 승진을 해서 경력을 쌓아가는 것도 멋진 일입니다. 망설이고 고민하면서도 묵묵히 앞으로 나아갈 수도 있습니다.

어떤 경우든 '나의 행복', '내가 소중히 여기는 것'에 초점을 맞춘다면 머릿속에서 그린 '나의 행복한 미래(비전)'에 다가갈 수 있습니다.

남의 떡은 항상 커 보이는 법입니다. 남을 부러워하거나 남의 눈을 의식할 필요가 없습니다. 미래에 대해 막연한 불안을 품거나 현재에 대해 불만과 초조함을 느끼기보다는 내가 무엇을 하고 싶은지, 누구를 위해 나의 소중한 시간을 사용할 것인지 고민하고, 진정으로 '내가 좋아하는 것'을 찾아보기 바랍니다.

행복한 미래를 위해 경력 전환을 준비하자

우리는 인생 100세 시대를 맞이했습니다. 지금껏 겪어보지 못한 앞으로의 세상에서는 연금에만 의지할 수 없습니다.

정서＋논리 선택력으로 선택한 '나의 업무 방식'

1	'목적'을 정한다	나의 행복은 '아이와 보내는 시간을 소중히 여기면서 여성의 활약을 응원하는 일을 하는 것' '지금 이대로 일하는 것은 조금 아닌 것 같다', '아이와 함께 시간을 보내고 싶다', '무엇을 위해 일하는가?'

▼

2	정서적 선택력으로 방향성을 정한다	현재의 상황과 미래에 대해 느끼는 것 '죄책감', '후회', '미래에 대한 막막함' → 그만두고 싶은 마음으로 가득

▼

3	논리적 선택력으로 선택지를 만든다	선택지를 늘어놓고 평가한다 아이와 보내는 시간, 하고 싶은 일을 하는 데 필요한 조건 등으로 평가한다

▼

[선택지] ① 지금 이대로 일한다.
② 회사를 그만두고 독립한다.

| 4 | 논리적 선택력을 활용해 선택지를 실천으로 옮겼을 때의 상황을 시뮬레이션한다 | 비전과 전환기를 생각하며 위험성을 평가한다
창업의 위험성, 미래의 행동력, 지금 느끼는 보람 |

| 5 | 정서적 선택력으로 선택한다 | 선택지를 냉정하게 평가하고 단점을 파악한 뒤에 어떻게 해야 할지 정한다
나의 비전에 다가가는 인생을 보낼 수 있다!
P&G 외의 사람에게도 나의 비전을 전하고 싶다! |

[결정] ② 회사를 그만두고 독립한다.

노후에 생계를 이어갈 수 있을지, 동료나 사랑하는 사람과 함께 있을 수 있을지, 건강하게 좋아하는 일을 하며 즐겁게 살아갈 수 있을지, 불안과 기대로 가득합니다. 그런 시대를 살아가는 우리야말로 일을 어떤 형태로든 지속하는 편이 좋습니다.

60세가 정년이라는 인식은 이미 사라졌고 70세나 80세에도 일하는 사람이 늘어났습니다. 60세가 정년이라면 남은 40년의 인생을 어떻게 보내야 할까요? 이전보다 '일하는 인생'이 훨씬 길어졌다면 하나의 일을 꾸준히 지속하는 데 그치지 않고, 전문성을 넓히거나 변화시키는 등의 경력 전환이 필요합니다.

한 세대를 풍미한 아티스트 아무로 나미에(安室奈美惠)도 40세에 은퇴를 결심했습니다. 팬으로서는 아쉽지만, 25주년에 자신의 꿈(대형 콘서트장에서 마지막 콘서트를 여는 것)을 이루고 다음 인생의 무대로 뛰어올랐습니다. 특집 프로그램에서 그녀는 "노래하고 춤추는 것은 이제 질리도록 했으니, 다른 걸 해보고 싶어요"라고 밝히며 인생의 다음 무대를 생각하는 이야기를 들려주었습니다. 요즘은 그녀처럼 경력 전환이 필요한 시대입니다.

제 주변에도 경력 전환을 선택한 사람이 많습니다. 50세에 이직한 사람, 30세에 창업한 사람, 20년 동안 전업주부로 생활하다가 이미지 컨설턴트로 창업한 사람, 이혼한 후 아이를 위한 공부

방을 차린 사람, 의사를 그만두고 요리 교실을 연 사람, 자영업을 하다가 회사원이 된 사람, 기업인이었다가 NPO 활동을 시작한 사람도 있습니다.

언제부터라도, 어떤 형태로라도 분명히 경력 전환은 가능합니다. '이제 늦었을지도 몰라', '나 같은 게 할 수 있을 리가 없어', '자신감이 없어'라고 생각하지 마십시오. 알찬 오늘과 내일을 위해 정서+논리 선택력을 사용해 적극적으로 진화하면서 '내가 행복해지는' 업무와 경력을 선택하기 바랍니다.

다음 페이지는 '내가 행복해지는 일'을 골라내기 위한 기초 작업입니다.

📱 내가 행복해지는 일을 골라내는 작업

▸▸ 어떤 경력을 쌓아나가고 싶습니까?(비전)

▸▸ 무엇을 하고 싶습니까? 무엇을 좋아합니까? 무엇을 잘합니까?

▸▸ 누구에게 공헌하고 싶습니까? 그 사람은 무엇을 해주면 기뻐합니까?

▸▸ 앞으로 더 발전시키고 싶은 것, 도전하고 싶은 일은 무엇입니까?

의식적으로
'좋은 관계'를 선택한다

3대 전환기 외에도 일상생활 속에서, 그리고 인생을 살다 보면 커다란 선택을 해야 할 때가 자주 찾아옵니다. 그중 하나가 인간 관계와 관련된 것입니다.

가장 행복한 사람들과 행복하지 않은 사람들을 비교한 연구*8 가 있습니다. 긍정심리학자 마틴 셀리그만(Martin Seligman)과 에드 디너(Ed Diener)에 따르면, 두 그룹의 차이를 만드는 유일한 외부 요인은 '풍요롭고 만족스러운 인간관계'라고 합니다. 또한 심리학 자 알프레트 아들러(Alfred Adler)는 "인간이 품는 모든 고민은 대인 관계에 대한 고민이다"라고 단언했습니다.

우리는 소중한 사람과의 관계가 잘 형성되지 않을 때도 있고, 동료나 친척과 사이가 좋지 않아도 어쩔 수 없이 어울려야 할 때도 있습니다. 좋은 관계를 얼마나 잘 맺을 수 있느냐가 인생의 행복도에 크게 영향을 끼칩니다.

인생을 풍요롭게 하기 위해 만들어야 하는 관계는 크기에 따라 다음의 세 가지가 있습니다.

1. 친밀한 관계
2. 동료
3. 넓은 커뮤니티

이 세 가지 관계에서도 정서+논리 선택력을 사용해 선택하면 관계를 잘 맺을 수 있습니다.

일단 첫 번째 '친밀한 관계'를 살펴보겠습니다. 이는 소수의 친구와 가족 등 마음으로부터 신뢰할 수 있는 사람과 가까운 관계를 맺는 것입니다. 가족이나 마음을 터놓는 친구이기 때문에 정서적 선택력을 사용해 선택하는 것이 당연합니다.

두 번째는 '동료'입니다. 같은 학교에 다니거나 같은 업무를 하는 관계, 같은 취미 활동을 하는 관계 등 같은 뜻이나 방향성을 공유할 수 있는 사이입니다. 학부모 모임, 이웃 사람이 이에 해당합니다. 다시 말해 '같은 곳에 속해 있다는 인연으로 서로 도울 수 있는 사람들'입니다. 필요한 정보를 교환하거나, 모임을 통해 소속감과 안정감을 느끼거나, 목적 달성을 위해 협력하는 관계입니다. 동료 관계를 맺기 위해서는 때때로 정서적 선택력뿐 아니라 논리적 선택력도 조합해서 관계를 맺어야 합니다.

우리가 '사회와 연관되는 활동'을 하려면 이 동료 관계를 빼놓을 수 없습니다. 특히 여성은 공감 능력이 높기 때문에 같은 상황이나 환경에 있는 사람과는 매우 죽이 잘 맞습니다. 서로 이해하고 공감할 수 있는 사람, 즉 자신을 이해하고 인정해주는 사람이 있으면 충실한 삶을 살아갈 수 있습니다.

한편, 공감하지 못하는 사람일수록 관계를 유지하기가 어렵습니다. 다시 말해 인간관계를 '좋고 싫음'이라는 정서적 선택력으로만 선택하기 십상입니다.

그러나 '풍요로운 인간관계'가 꼭 좋아하는 사람이나 어울리기 쉬운 사람과의 관계만을 의미하지는 않습니다. 예를 들어, 주변에 다음과 같은 사람이 꼭 있기 마련입니다.

- 그 사람은 항상 필요한 말만 짧게 해서 약간 무섭고 대하기

어렵다. 그다지 좋아하는 유형은 아니지만, 업무 속도가 빠르고 정확하기 때문에 결국 그 사람에게 일을 부탁하게 된다.

- 늘 그 상사에게 트집만 잡히지만 책임을 확실히 지는 상사이기 때문에 그와 함께라면 안심하고 일할 수 있다.
- 학생 시절부터 마음이 맞는 유형은 아니지만, 그 친구가 늘 동창회를 기획해주기 때문에 고맙다.

아무리 대하기 어려울지라도 자신의 목적을 달성하거나 자신이 성장하기 위해서라면 논리적 선택력을 발휘해서 자신에게 필요한 사람과 '좋은 관계'를 맺을 수 있습니다. 인간관계를 의식적으로 선택함으로써 성과를 올릴 수 있는 인맥이 넓어지는 셈입니다.

이는 결코 전략적이거나 타산적인 행위가 아닙니다. 남들과 어울리고 협력하는 행위일 뿐입니다.

협력 관계가 넓고 강하면 그만큼 목적을 이룰 수 있는 기회가 늘어나고 위험성이 줄어들며 실현 가능성이 높아집니다. 혼자서는 어려운 일이라도 누군가와 함께 하면 더 큰 일을 해낼 수 있는 법입니다. 물론 자신이 남들에게 도움을 줄 수 있는 상황도 늘어날 것입니다.

논리적 선택력을 활용해 자신과 어울릴 만한 동료를 선택할 때의 기준은 다음의 두 가지입니다.

1. 실현하고자 하는 일에 대한 영향력을 지닌 사람
2. 인맥이 넓고 남들과 잘 어울리는 사람

그 사람의 '영향력'을 의식하고 관계를 만들어나가는 편이 좋습니다. 특히 인맥 만들기에 서툰 사람이라면 애초에 인맥이 넓은 사람과 사이좋게 지내기를 추천합니다. 인맥이 넓은 사람은 대체적으로 친화력이 좋기 때문에 부담 없이 어울릴 수 있습니다.

또한 인맥이 넓어지면 '커뮤니티'가 형성됩니다. 가상 공간에서든 현실 공간에서든 현재 인맥의 틀을 넘어, 사회적인 교류와 정보 교환을 하면서 식견과 흥미를 넓히는 기회를 갖는 것이 앞으로의 시대에 더욱 중요해질 것입니다.

일부러 시간을 내서라도 현재 인맥의 외부에 있는 다른 업종이나 새로운 취미에 뛰어들거나 친구의 활동에 따라가서 지인을 늘리는 등 의식적으로 인맥의 틀을 뛰어넘는 것이 좋습니다. 어울리는 사람이 많으면 인맥의 범위가 넓어질 뿐 아니라 흥미, 지식, 정보원도 늘어나고, 뜻하지 않은 기회도 생겨납니다.

인간관계는 찾아내는 것이 아니라 키워나가는 것입니다. 주변 사람들을 소중히 대하면서 의식적으로 정서+논리 선택력을 사용해 관계를 넓히고, 일과 생활을 더욱 풍요롭고 행복하게 만들어갑시다.

여러 사람과 연관될 때는
목적을 일치시킨다

지금까지 자신을 위한 선택을 살펴봤습니다. 그런데 일상생활에서는 자신 외의 사람에게도 영향을 미치는 선택을 해야 하는 경우가 많습니다.

'STEP 3'에서 친구들과 떠나는 여행의 사례에서 소개했듯이 사생활에서의 식사, 여행, 취미 활동 등 여러 사람이 관련되는 선택을 할 기회도 많습니다. 또한 어디에 거주할지 등 가족 전체에 영향을 주는 선택도 있습니다. 그리고 회사에서는 여러 사람과 관련된 팀 차원의 선택이나 거래처에 영향을 주는 선택을 하기도 합니다.

무언가를 선택하는 데 다른 사람이 연관되면 그 인원에 비례해 가치관이 다양해지고 이해관계가 대립하고 판단 기준이 여러 갈래로 나뉘는 등 사람마다 제각각의 생각이나 의견을 표출하는 경우가 많아집니다. 그만큼 충돌이 일어날 가능성도 커집니다.

그러므로 원활하게 선택하려면 관련된 모든 사람을 하나로 끌어들이고 목적이나 가치관을 같은 시선으로 바라보도록 만드는 것이 관건입니다. 그러기 위해 다음의 네 단계를 밟는 것이 좋습니다.

1단계: '공통의 목적＝우리는 무엇을 원하는가?'를 확인하고 일치시킨다.

2단계: 서로의 의견을 존중하면서 의견을 나누고, 목적을 달성하기 위한 선택지를 다듬고 검증한다(논리적 선택력).

3단계: 목적을 달성했을 때의 '설렘'을 상상하며 의욕을 높인다(정서적 선택력).

4단계: 그 선택을 실행할 때의 역할과 책임을 확인한다.

이 네 단계를 거치면 선택과 관련된 사람들의 당사자 의식과 책임 의식을 높일 수 있습니다.

예를 들어보겠습니다. 저는 P&G에서 근무할 때 팸퍼스와 베네세의 제휴 사업을 담당한 적이 있습니다. 두 회사는 새로운 기획을 시작하고 싶었지만 좀처럼 이야기가 진척되지 않았고, 실현하기 어려운 상태였습니다. 같은 조직이 아니므로 업무 추진 방식이나 결재 방식, 관심사 등 두 회사의 여러 가지 사정이 달랐습니다. 그것을 극복하기 위해 실시한 것은 공통의 커다란 목적(비전)을 만드는 일이었습니다.

두 회사가 납득하고 공유할 수 있는 목적을 설정하는 것에서부터 시작했습니다. 그러자 이전까지 없던 훌륭한 아이디어가 차례차례 나오고 두 회사의 역할과 책임(비용 및 임무 분담)도 원활히 결정되어 단숨에 공동 활동이 추진되기 시작했습니다.

다시 말해, 남을 끌어들이는 선택에서는 '공유할 수 있는 목적'을 설정하는 것이 전부라고 해도 과언이 아닙니다.

모두가 납득할 수 있는 목적을 설정한다

이는 업무뿐 아니라 일상생활에서도 마찬가지입니다. 'STEP 3'에서 언급한 여행 계획을 떠올려보기 바랍니다. 처음에 목적을 확실히 정하지 않고 각자 아이디어만 낸다면 "나는 이탈리아가 좋겠어", "나는 오키나와가 좋을 것 같아"라면서 선택지가 서로 대립하고, 어느 것을 선택하면 좋을지 판단 기준도 애매한 채 여행 가기 전에 험악한 상황이 벌어질지도 모릅니다.

일상생활에서는 감정이 수반되므로 그 이해관계가 더욱 복잡합니다. 어느 후배가 제게 다음과 같이 상담을 요청해온 적이 있습니다.

"이번에 결혼식을 올리는데, 저는 줄곧 하와이의 바다가 보이는 교회에서 식을 올리는 게 꿈이었어요. 하지만 시어머니가 '허리가 아파서 비행기에 오랫동안 앉아 있지 못하니까 해외 결혼식은 하지 말라'고 하셨어요. 시누이마저 '가족 전체가 해외로 나가는 건 돈도 많이 드니 포기하라'고 해요. 하지만 하와이에서 결혼식을 올리는 건 제 오랜 꿈이라서……. 게다가 저희 부모님이 해외에 나가본 적이 거의 없어서 이번 기회에 모셔 가고 싶어요. 일본이랑 하와이에서 두 번 식을 올리기에는 돈이 너무 많이 들고……. 어떻게 하면 좋을까요?"

그녀는 '결혼식은 당사자끼리의 문제이므로 당사자의 뜻대로 하는 편이 좋다'고 생각하는 듯합니다. 이것이 그녀의 목적에 해당합니다.

그러나 시어머니와 시누이는 가족·친지와 지인들이 모여 두 사람을 축복하고 모두에게 소개하는 기회가 결혼식이므로, 당연히 '모두가 결혼식에 참석할 수 있는 환경을 마련해야 한다'라는 목적을 기반으로 생각하는 것이겠지요.

이래서는 쌍방의 목적이 다르므로 선택지인 하와이와 일본만 두고 비교해봤자 그 차이를 좁힐 수 없습니다. 이런 경우에 공통의 목적을 만들려면 어느 한쪽의 목적으로 통일하거나 새로운 목적을 설정할 수밖에 없습니다.

덧붙여, 어느 한쪽의 목적으로 통일하자고 결정했을 때 저라면 시어머니의 요구를 존중하겠습니다. 왜냐하면 앞으로 몇십 년이나 새로운 가족으로 함께 살아갈 첫걸음을 내딛는 자리에서 상대방에게 불만을 초래한다는 것은 그 후의 '행복한 결혼 생활을 위협하는 리스크'가 높기 때문입니다.

인생에 커다란 리스크가 있는 경우에는 일단 그것을 피하고 보는 것이 상책입니다. 언뜻 생각해도 결혼식보다는 결혼 생활이 훨씬 중요합니다. '행복한 결혼 생활'이라는 커다란 목적을 잊어서는 안 됩니다.

어쩌면 일본에서 결혼식과 피로연을 열고 몇 년 후에 하와이에서 다시 한번 결혼식을 올리는 방법도 있을 것입니다. 혹은 신혼여행 장소를 하와이로 정하고 부모님도 모시고 가서 아담한 결혼식을 올리는 것도 좋을 것입니다. 교회에서 식만 올리는 것이라면 비용도 그다지 많이 들지 않습니다. 공통의 목적을 '가족끼리 치르는 작은 결혼식'으로 정하고 가족과 친척끼리만 식사를 하는 간단한 형태를 선택할 수도 있습니다. 그런 후에 신혼여행을 하와이로 가서 부모님과 아주 친한 친구만 입회한 가운데 결혼식을 올리는 방법도 있을 것입니다.

모든 사람의 기분을 하나로 만들기 위해 유연하고 논리적으로 공통의 목적과 선택지를 생각해봅시다. 그러면 기분까지 충분히 납득할 만한 선택을 내릴 수 있습니다.

소중한 사람을
대신해 선택하기

일상생활에서는 누군가 소중한 사람을 대신해 선택해야 하는 경우가 많습니다. 아이를 위해 교육 방법이나 학교를 선택해야 하고, 부모님을 위해 병원이나 간병 시설을 선택해야 합니다. 업무에서는 후배나 부하를 위해 최종 판단을 내려야 합니다. '과연 나의 판단과 나의 감각으로 선택해도 될까?'라고 걱정하거나 부담감을 느끼는 경우도 있습니다.

　나 이외의 사람을 위한 선택을 할 때도 앞에서 설명한 '여러 사람과 연관될 때의 선택'과 기본적으로 방법은 같습니다. '목적을 확실히 확인하고 합의해두는 것'이 가장 중요한 원칙입니다.

| '내 편'을 만들고 선택을 분담한다 |

인생에서는 중대한 선택을 해야 할 때가 있습니다. 예를 들어 가족의 간병이나 질병 치료의 방법을 선택하는 경우도 있습니다. 그리고 그러한 선택은 나이가 들수록 점점 늘어납니다.

만약 소중한 사람의 인생에 커다란 영향을 끼치는 어려운 선택을 떠안았다면 어떻게 할까요?

얼마 전에 텔레비전에서 한 여배우가 자기 의사를 표현하지 못하는 어머니를 간병하느라 애썼던 이야기를 했습니다. 그녀는 "어느 병원에서 어떤 치료를 받아야 할지 시시콜콜 제가 선택해야 했습니다. 그래서 어머니가 돌아가신 게 다 제 선택이 잘못되었기 때문인 것 같습니다. 제가 어머니를 돌아가시게 한 것과 다름없습니다"라고 비통한 심정을 밝혔습니다.

내가 선택한 결과로 인해 나 외의 사람에게 매우 커다랗고 부정적인 영향을 끼칠 수 있다고 생각하니 무섭습니다. 커다란 선택에는 책임이 따르는 법입니다. 그러므로 되도록 선택을 혼자서 고민하지 말고, 다른 사람을 교묘히 끌어들여 '내 편'을 만들고 선택을 분담하는 것이 좋습니다.

예를 들어 앞선 여배우의 사례에서는 간병의 목적을 확실히 정합니다. '어머니가 가능한 한 오래 사시기를 원하는지', '어머니가 되도록 고통 없이 지내기를 원하는지', '어머니가 어떤 여생을 보내고 싶어 하는지' 등을 고민합니다(어머니 본인과 대화를 나누면 좋겠지만, 이 경우는 여의치 않은 상황이니 자신의 생활 여건을 고려해 정할 수밖에 없습니다). 그리고 선택과 관련되는 사람을 다음과 같이 끌어들여 역할을 분담합니다.

선택을 추진하는 '1. 진행 역할(여배우)'은 일단 '2-1~4. 상담 역할'이라는 '내 편'을 만듭니다. '상담 역할'과 선택에 필요한 정보를 나누면서 함께 문제를 고민합니다.

만약 '4. 체험 역할(어머니)'과 대화할 수 있다면 그의 의사와 기분을 잘 듣습니다. 그렇게 최종적으로 '3. 선택 역할'이 논리적으로 판단할 수 있도록 목적과 정보를 공유해서 선택을 지원합니다.

물론 '1. 진행 역할'과 '3. 선택 역할'이 동일인일 수도 있고, '2. 상담 역할'이 없을 수도 있습니다. 그럴 때는 이 역할 분담 방식을 떠올리고 우선 '상담 역할'을 늘려 '내 편'을 만드는 데 우선적으로 힘을 쏟아야 합니다.

🔘 소중한 사람을 대신해 선택하기

1. 선택의 진행 역할(여배우)
   필요한 타이밍에 필요한 사람들을 끌어들여 필요한 정보를 모은다.

2-1. 상담 역할(담당 의사)
   선택하기 위한 정보가 필요할 때나 고민할 때 의견이나 정보를 공유해주는
   전문가. 그 선택에 관한 문제를 잘 알고 있는 사람.

2-2. 상담 역할(다른 의사)
   또 다른 전문가나 그 선택에 관한 문제를 잘 알고 있는 또 다른 사람.

2-3. 상담 역할(같은 경험이 있는 친구나 선배)

2-4. 상담 역할(가족, 친척 등)

3. 선택 역할(여배우, 담당 의사 등)
   최종적으로 선택하는 사람.

4. 체험 역할(어머니)
   선택에 의한 결과를 받아들이고 실제로 체험하는 사람.

마지막에는
본능을 믿고 선택한다

우리는 회사 다니랴 집안일하랴 매우 분주한 나날을 보내고 있습니다. 날마다 어느 한쪽을 선택하기 힘든 상황과 맞닥뜨립니다. 예를 들면 다음과 같은 상황들입니다.

- 중대한 회의를 앞두고 어린이집에서 긴급한 연락이 왔다.
- 꼭 만나고 싶었던 사람에게서 만나자는 연락이 왔는데, 하필이면 중요한 거래처와의 약속과 겹쳤다.
- 중요한 약속을 눈앞에 두고 후배가 눈물을 흘리며 고민 상담을 요청해왔다.

- 첫째 아이와 둘째 아이의 행사가 겹쳐서 어느 행사에 갈지 고민이다.
- 전부터 참석하고 싶었던 동창회 일정과 친척 행사 일정이 겹쳤다.

이처럼 회사에서나 가정에서나 '모두 중요한데 어느 한쪽을 선택해야 할 때'는 어떻게 해야 좋을까요?

여성이 일하기 쉬워지고 선택하기 쉬워진 세상이 되었다지만, 일과 가정의 양립에 관해서는 아직 커다란 어려움과 장애물이 잔뜩 숨어 있습니다. 일과 가정은 각각 다른 '삶'이어서 같은 선상에서 비교하기 어렵고, 그 간극은 점점 벌어지고 있습니다. '이때다!' 싶은 중요한 순간일수록 '이래야 하나, 저래야 하나?' 하는 선택을 강요당하고 몸과 마음이 가벼운 혼란 상태를 일으키기도 합니다.

그럴 때는 논리적 선택력을 활용해 다음의 네 단계를 확인하고 선택합시다.

1단계: 일단 심호흡하고 차분하게 상황을 파악합니다. 부족한 사실이나 정보를 모읍니다.

2단계: 꼭 내가 아니면 안 되는지, 나를 대신할 사람이나 방법이 있
  는지 확인합니다.
3단계: 꼭 내가 아니면 안 되는 일부터 중요도, 영향도, 실현 가능
  성, 위험성 등을 고려해 우선순위를 매깁니다.
4단계: 우선순위가 높은 것을 선택하고, 그 외의 것은 남에게 맡깁
  니다.

이처럼 논리적 선택력을 발휘해서 선택했지만, 막상 실행으로
옮기는 단계에서 다음과 같이 고민하기도 합니다.

'머리로는 이해하지만, 마음이 움직이지 않아.'

'기분 같아서야 정말 하고 싶어! 하지만 냉정하게 생각하면 잘
될 것 같지 않고, 주변의 반응도 부정적이야.'

흔들리는 마음과 냉정한 판단 사이에서 머리와 마음은 대립하
고 어느 쪽을 선택해야 할지 알 수 없게 됩니다. 정서적 선택력과
논리적 선택력 중 어느 한쪽을 우선시해야 하는 궁극의 선택으로
내몰립니다.

정서적 선택력으로 선택할지, 논리적 선택력으로 선택할지 알
수 없는 상황에서 어느 한쪽을 우선시해야 한다면 최종적으로는
정서적 선택력을 우선시할 것을 권합니다. 정서적 선택력은 본능

에 가까운 것이므로 분명히 '나의 행복'에 가까워질 수 있기 때문입니다.

하지만 어디까지나 정서적 선택력과 논리적 선택력의 양쪽을 철저히 고민한 후에 최종 결론을 내야 합니다. 논리적으로 사실, 수치, 이론, 장점, 위험성을 잘 살피고, 현재와 미래를 포함해 시뮬레이션하고, 남의 의견까지 들은 후에 최종 판단을 내려야 합니다.

자신이 이끌어낸 선택지가 목적을 달성할 수 있는 최선의 해답이라고 강하게 느꼈다면 본능의 힘을 믿고 정서적으로 선택합시다. 스스로를 믿으세요.

실패를
줄이기 위한
선택의 힌트

정보가 많다고 해서

판단이

쉬워지는 것은 아니다.

―카를 폰 클라우제비츠(군사학자)

선택을 편하게 하려면 간소화하자

지금까지 선택 달인 마인드, 선택력을 활용하는 법 등에 관해 설명했습니다. 하지만 아직 이에 익숙지 않다면 여전히 선택할 때 망설이고 머뭇거릴 것입니다. 그럴 때는 선택을 편하게 하는 방법에 의식을 집중합시다. 선택을 편하게 하려면 간소화하는 것이 가장 좋습니다. 다음 세 가지로 선택을 간소화할 수 있습니다.

1. 선택지를 줄인다.
2. 패턴화해서 선택한다.
3. 굳이 선택하지 않는다.

선택지를 줄인다

사람은 선택지가 많으면 오히려 더 선택하기 힘들어합니다. 선택하는 것이 스트레스가 되기 때문입니다.

그 사실을 증명하는 유명한 '잼 실험*9'이 있습니다. 가게에서 여섯 종류의 잼을 늘어놓은 탁자와 스물네 종류의 잼을 늘어놓은 탁자를 준비했습니다. 그랬더니 스물네 종류의 잼을 늘어놓은 탁자에서 시식하는 사람은 많았지만, 정작 잼을 구입한 사람은 여섯 종류의 탁자에서 열 배나 더 많았습니다.

P&G에서도 샴푸 상품 가짓수를 줄였더니 매출이 오른 사례를 경험한 바 있습니다. 이처럼 선택지를 줄이면 고객의 스트레스를 줄일 수 있습니다. 선택에 대한 부담(스트레스)을 줄임으로써 무의식중에 선택하는 것을 포기하거나, 완전히 납득하지 못한 채 어쩔 수 없이 기본 제품을 선택하는 등 선택의 실패를 줄일 수 있습니다.

선택지를 줄이는 방법은 세 가지가 있습니다. 'STEP 3'에서 언급했듯이, 조건을 충족하지 않는 선택지를 배제하는 '2단계 선발형'과 압도적으로 좋은 것만 골라내는 '집중형'이 있습니다. 세 번째 방법은 선택지를 판단하기 쉬운 범주로 나누는 '분류법'입니다.

예를 들어 슈퍼마켓에 가서 물을 사려고 할 때 몇십 종류나 되는 물이 진열되어 있다면 고르기 힘들 것입니다. 여기에서 2단계 선발형을 활용해 '120엔 이상의 물을 일괄적으로 제외'하면 그 가격 이하의 물로 선택지를 좁힐 수 있습니다. 또한 집중형을 활용해서 '덤이 있는 상품부터 선택하자'고 선택지를 좁힐 수 있습니다. 그리고 분류법을 활용하면 센물과 단물을 구분하거나 채수지(유럽, 미국, 일본 등), 제조사, 가격, 지금까지 물을 마셨던 경험 등으로 물을 구분할 수 있습니다. 이러한 구분은 자신의 취향대로 물을 선택하는 데 도움을 줍니다.

이 세 가지 방법을 조합해서 선택지의 수를 세 개 이내로 좁힌다면 선택하기가 훨씬 수월해질 것입니다.

| 패턴화해서 선택한다 |

패턴화하면 선택하기가 대번에 쉬워집니다. 그 방법은 다음의 두 가지입니다.

1. 습관화한다.

2. 규칙화한다.

이 책의 앞부분에서 '사람은 선택을 하루에 70번 정도 한다'라는 연구 결과를 소개한 바 있습니다. 그러나 이 연구 결과는 평균적인 미국인의 데이터이며, 같은 질문을 일본인에게 했다면 그 수는 66퍼센트 정도(46번)로 줄어들 것입니다. 왜냐하면 일본인은 '아침에 일어나서 이를 닦는' 습관을 선택으로 셈하지 않기 때문입니다.

하지만 습관도 당신의 선택으로 행동하는 것이기 때문에 엄연히 선택에 해당합니다. 그러므로 습관을 늘린다면 자동으로 선택하게 되는 셈이고, 일일이 무엇을 선택할지 머리를 감싸 쥘 필요가 없어집니다. 매일 일어나는 시간, 매일 타는 전철, 매일 지나는 길, 매주 금요일 저녁 식사로 먹는 음식 등을 딱 정해놓는 식으로 습관화하면 선택할 일이 그만큼 줄어듭니다.

스티브 잡스(Steve Jobs)가 항상 검은색 티셔츠에 청바지를 입었던 것도 날마다 입을 옷을 선택하는 스트레스를 없애기 위해서였습니다. 또한 제 지인 중에는 색채심리학에서 핑크색을 보면 여성호르몬이 늘어난다고 해서 1년 365일 핑크색을 입는다는 사람이 있습니다. 이 방법을 사용하면 쇼핑할 때 핑크색 옷만 고르면 되니 어느 옷을 선택할지 고민할 필요가 없어집니다. 매일 아침에 무슨 옷을 입을지 생각할 필요도 없습니다. 그래서 매일 행복한 기분을 느낄 수 있습니다. 이것이 선택의 습관화가 가져다주는 효용입니다(덧붙여, 그 사람은 매우 센스 좋게 핑크색 옷을 소화하고 있습니다).

또 이전에 제가 친구에게 "블로그를 몇 번이고 도전해보려고 했는데, 글을 꾸준히 올리기 힘들어"라고 고민을 털어놓은 적이 있습니다. 그러자 친구는 "매일 같은 시간에 글을 올려보면 어때?"라고 습관화에 관한 조언을 해주었습니다.

이전까지 꾸준히 글을 올리지 못한 것은 '무엇을 쓸지', '몇 자 정도 쓰면 좋을지' 등 선택할 사항이 많아서 일일이 고민하다 보니 결국 글을 완성하지 못했기 때문입니다. 하지만 '내용은 무엇이든 괜찮으니까 매일 같은 시간에 글을 올린다'라고 습관화했더니, 목표로 삼았던 3개월 동안 쉬지 않고 매일 꾸준히 블로그에 글을 올릴 수 있었습니다. 작심삼일로 끝나곤 했던 이전과는 완전히 달라진 변화였습니다.

그리고 또 하나의 방법은 규칙화입니다. '망설여질 때는 이렇게 선택한다'라는 기준을 정해두면 선택하기가 간단해집니다. 예를 들어 '지금 즐거울 것 같은 쪽을 선택한다', '더 도전적인 것을 선택한다'라는 식으로 인생의 지침이라고 할 만한 '선택의 지침' 을 정해두는 것입니다.

저는 '메뉴 고르기가 망설여질 때는 무조건 저렴한 음식을 주문한다'는 규칙을 가지고 있습니다. 저렴한 음식은 도전해보기에 부담스럽지 않고, 의외로 맛있는 음식을 발견할 수도 있기 때문입니다. 또한 P&G 시절의 친구는 다음과 같은 이야기를 들려주었습니다.

"새로운 상사가 와서 모든 팀원들에게 'My 10 beliefs'라는 쪽지를 나누어주었어. 'My 10 beliefs'라는 건 상사 본인이 중요하다고 생각하는 것, 의견이 갈릴 때 우선시하는 것 등을 적은 메모야. 그런 쪽지를 나누어주는 건 참 좋은 생각인 것 같아. 상사가 무엇에 신경 쓰는지 미리 알게 되니 여러모로 편리하거든. 어떤 사항에 관해 상사에게 상담 요청을 할지, 어떤 사항을 배제할지, 어떤 사항을 상사 없이 내 판단으로 결정해도 좋은지 등을 사전에 선택하게 되니 서로의 시간을 효율적으로 사용할 수 있게 됐어."

'My 10 beliefs'에 적는 내용은 '비용을 삭감하기보다 매출을 높이는 쪽을 선택한다', '가장 중요하게 생각하는 것은 고객의 지지다'라는 식의 평소 신념입니다. 이처럼 처음부터 자신의 신념을 모두에게 명시해둔다면 서로의 관점과 정보를 조정하는 시간을 줄일 수 있고, '선택지가 될 만한 제안'에만 집중해서 효율적으로 일을 진행할 수 있습니다.

이런 식으로 좋은 결과를 가져다주는 '좋은 판단 기준'을 패턴화하면 더욱 간단하게 훌륭한 결과를 도출해낼 수 있습니다.

| 굳이 선택하지 않는다 |

지금까지 적극적으로 선택하는 것을 권해왔는데, 그것은 어디까지나 '내가 행복해지는 선택'을 할 때였습니다. '나의 행복'과 상관없고 중요하지 않는 선택이라면 굳이 선택할 필요가 없습니다. 굳이 선택하지 않음으로써 쓸데없이 망설이거나 고민하거나 결과에 일희일비하는 일 없이, 선택해야 한다는 일상의 스트레스에서 벗어날 수 있습니다. '나에게 중요하지 않다', '필요 없다'라고 여기는 것은 굳이 선택하지 않는다는 선택을 적극적으로 합시다.

항상 선택을 망설이는 한 친구가 선택을 잘하는 어느 친구에게 물었습니다.

"정말로 항상 단호하게 결정하는구나. 그렇게 그 모든 것을 논리적으로 생각해서 선택할 수 있어? 예를 들어 마트 계산대에서 어느 줄에 설지 어떻게 결정해? 그런 것에도 규칙이 있어? 내가 서는 줄이 가장 빨리 줄어들 것 같아도 항상 옆줄이 더 빨리 줄어들어서 짜증이 나. 나는 선택하는 힘이 없는 걸까?"

이런 물음에 선택을 잘하는 친구가 대답했습니다.

"그런 건 굳이 선택하지 않아. 너무 불확실한 요소가 많잖아? 그런 합리적이지 않은 것은 굳이 선택하지 않으려고 해. 그런 것에 머리를 쓰는 건 쓸데없는 노력이야. 옆줄이 먼저 줄어든다고 짜증을 내는 게 더 어리석지 않아? 나는 아무 생각 없이 그저 눈앞에 있는 줄에 설 뿐이야."

그렇습니다. 합리적으로 선택할 수 없는 경우에는 논리적 선택력을 활용해본들 아무런 소용이 없고 초조함만 더해갈 뿐입니다. 그럴 때는 굳이 선택하지 않거나 정서적 선택력으로 '오늘은 왠지 이쪽 줄이 좋을 것 같아'라는 식으로 선택하는 편이 결과와 상관없이 마음이 편합니다.

'당장에는 답을 낼 수 없다'는 느낌이 들면 기한을 정해놓고 그때까지는 '선택하지 않는다'고 결정할 수도 있습니다. 선택을 기약 없이 질질 미루면서 걱정하기보다는 깔끔히 '선택하지 않는다'고 결정해야 몸과 마음이 훨씬 편합니다.

또 한 가지, 굳이 선택하지 않는 선택법으로는 '전문가에게 맡기는 방법'도 있습니다. 자신보다 선택을 더 잘하고 좋은 결과를 낼 것이라고 생각되는 사람(전문가, 그 분야의 지식과 경험이 있는 사람)에게 선택을 맡기는 방법입니다.

예를 들어 메이크업에 자신이 없는 사람은 전문 메이크업 아티스트에게 의뢰하거나, 백화점 화장품 매장에서 메이크업 서비스를 받는 것을 추천합니다. 어떤 상품을 사용해 어떻게 화장하는지 몰라도, 전문가에게 맡김으로써 단숨에 만족스러운 모습으로 변신할 수 있습니다. 그 외에도 옷가게 판매원, 네일 아티스트, 미용사, 감각이 좋은 친구, 가전제품을 잘 아는 사람, 자산 관리사, 부동산 중개사, 인테리어 디자이너 등 여러 전문가와 준전문가가 우리 주변에 수두룩합니다.

자신이 잘 모르는 사항에 관한 정보에 휘둘리고 자신감이 없는 상태에서 선택해봤자 잘될 리가 없고 행복하지도 않습니다. 그럴 거라면 차라리 선택을 전문가에게 맡기세요. 그 분야의 전문가는 지식과 경험이 풍부할 뿐 아니라, 자신보다 더 나은 선택을 할 수 있습니다. 전문가를 이용하면 새로운 정보나 아이디어를 얻을 수 있다는 장점도 있습니다.

자신의 '버릇'을 알고
선택의 오류를 줄이자

달리는 자세나 말투 등에는 각자 나름의 '버릇'이 있습니다. 운동
선수는 자신도 모르는 사이에 몸에 배어버린 버릇을 알아내고 올
바른 자세를 익히면 성과를 훨씬 높일 수도 있습니다.

예를 들어 수영할 때 스스로는 똑바로 나아간다고 생각하는데
도 오른팔을 강하게 휘젓는 버릇이 있다면 점점 왼쪽으로 밀려갑
니다. 그래서 물 위로 얼굴을 들었을 때 왼쪽으로 틀어진 자신의
위치에 놀라게 됩니다. 하지만 자신의 버릇을 깨닫고 오른팔을
약간 약하게 휘젓도록 자세를 고친다면 목표 지점에 똑바로 도달
할 수 있습니다.

이와 마찬가지로 올바르게 판단하고 선택하려는 마음가짐을 지니더라도 의식하지 못하는 사이에 판단을 그르치는 버릇이 생길 수 있습니다.

사실에 기반한 선택지인지, 사실이라고 믿고 있을 뿐 사실이 아닌지, 정보나 데이터가 자신의 주관에 따라 편향되어 있지는 않은지, 자신의 감정만으로 판단하고 있는 것은 아닌지, 한번 멈춰 서서 생각해봅시다. 얕은 생각에 사로잡히거나 자신의 기분에만 이끌리지 말고, 선택할 때의 잘못된 버릇을 통제한다면 선택의 오류를 줄일 수 있습니다.

여기에서는 몸에 배기 쉬운 잘못된 선택의 버릇을 소개하겠습니다.

| 잘못된 선택의 버릇 ① 주변에 휩쓸린다 |

우리는 주변의 눈치를 보며 주변에 맞추려는 특성이 있습니다. 공감력, 협조성, 인간관계를 중요시하는 우리는 '분위기를 읽고', '말하지 않아도 암묵적으로 이해하고', '눈치껏 배려하는' 것을 미덕으로 알고 있습니다. 주변에 맞추지 않고 자기주장을 하는 것을 꽤 버겁게 느끼는 사람도 많습니다.

예를 들어 다음과 같은 상황에서 당신은 어떻게 하겠습니까? 어느 술집에 술을 마시러 갔는데, 네 종류의 맥주(A, B, C, D) 중에서 하나만 시음할 수 있다고 합니다. 당신은 A맥주를 마시고 싶었지만, 웨이터가 각자에게 물어봤더니 상사는 B맥주를 마시겠다고 하고, 이어서 선배도 B맥주, 동료도 B맥주를 주문했습니다. 그러면 당신은 어느 맥주를 주문하시겠습니까?

여기에서 A맥주를 주문하려면 꽤 큰 용기가 필요합니다. 이는 행동경제학자 댄 애리얼리(Dan Ariely)의 '동조(conformity)'에 관한 실험[*10]입니다.

집단의식이 높은 아시아 문화권의 대표로 조사한 홍콩의 어느 집단은 동료의 주문에 좌우되어 다들 똑같은 맥주를 주문했습니다. 그리고 그 결과, 그들의 만족도는 내려갔습니다. 자신이 정말로 마시고 싶은 맥주를 마시지 못했기 때문입니다.

반드시 주변 사람과 다른 맥주를 주문하라는 말이 아닙니다. 자신이 정말로 마시고 싶은 맥주를 솔직하게 주문하면 됩니다. 그뿐입니다.

물론 자신에게 중요하지 않은 선택이라면 그냥 주변의 분위기에 따라가도 상관없을 것입니다. 예를 들어 '맥주 종류에 집착하지 않고 일단 어떤 맥주든 다 괜찮다'라고 생각할 수도 있습니다.

하지만 주변에 맞추기만 하고 흘러가는 대로만 생활하면 역시 자신의 행복도는 오르지 않습니다. 아무리 사소한 선택이더라도 스스로 행복한지를 살피면서 자기중심적으로 선택하면 일상의 자그마한 행복이 점점 늘어갑니다. 하물며 인생의 커다란 선택이나 자신에게 매우 중요한 선택인 경우에는 더더욱 '자신의 행복'을 중시해야 합니다. 자신의 인생에서 소중한 선택은 남의 눈치를 보지 말고 '내가 행복해지는 선택지'를 골라야 합니다.

업무를 할 때도 '상사가 시켰으니까 일한다'는 마음가짐보다는 '내가 스스로 생각하기에 올바른 일을 한다'고 말할 수 있어야 합니다.

남의 눈치만 살피고, 주변 분위기를 해치지 않게 조심하고, 남의 의견에 맞추려 하는 등 남들 기준으로 기울어지는 버릇을 마음속 어딘가에서 스스로 느낀다면, 지금 당장 고치기 바랍니다.

이런 버릇을 고치는 가장 좋은 방법은 '내 인생을 사는 것은 바로 나'라고 주인 의식을 높이는 것입니다. 이는 곧 나의 쾌감(편안함, 기쁨, 즐거움)이나 행복에 솔직해지는 것입니다.

| 잘못된 선택의 버릇 ② 포기하지 못한다 |

오랫동안 사귄 남자 친구와 결혼할 만큼 서로 잘 맞지 않는다는 사실을 깨닫고도 과감히 헤어지지 못하거나, 지금 하는 일이 적성에 맞지 않는다고 생각하면서도 새로운 일을 찾는 데 주저하는 경우가 있습니다. 오랫동안 좋다고 생각해서 복용해온 A영양제에 관해 친구가 "그거 별로 효과가 없대. B영양제가 더 좋아"라고 말해도 좀처럼 영양제를 바꾸고 싶은 생각이 들지 않기도 합니다.

우리는 지금까지의 환경을 유지하고 싶어 하고, 변화를 두려워하는 경향이 있습니다. 지금껏 들여온 시간, 돈, 노력, 자원을 생각하면 '보상받고 싶다'는 기분이 강하게 들기 때문입니다. 그래서 일이 잘 풀리지 않는다는 사실을 알면서도 포기하지 못합니다. 지금까지의 '어렴풋한 손실'을 '명백한 손실'로 만들어버리는 것이 싫기 때문입니다. 하지만 앞으로 그 손실이 눈덩이처럼 커진다는 사실이 훨씬 위험합니다.

제가 일했던 P&G에서는 3년 이상 공들인 프로젝트라 해도 테스트 마케팅에서 결과가 좋지 않으면 신제품을 출시하지 않았습니다. 신제품 개발에 들인 돈, 그 프로젝트와 관련된 사람들, 그리고 시간과 노력도 막대했지만, 그때까지 들인 자원을 아까워하기보다는 손해를 보더라도 포기하는 편이 미래를 위해 확실히 낫습니다.

지금까지 들인 노력이 아깝다고 해서 현상 유지를 고집하는 버릇을 고치지 못한다면 미래가 위험해집니다. 지금까지의 가치보다는 미래의 가치가 중요합니다.

포기해도 괜찮습니다. 걱정할 필요가 없습니다. 미래를 위해 지금 좋은 선택을 하면 되기 때문입니다.

| 잘못된 선택의 버릇 ③ 리스크가 두렵다 |

우리는 항상 '이득'을 보고 싶어 합니다. 그리고 그 이상으로 '손해'를 보기 싫어합니다. 이득을 보지 못하는 것보다 손해 보는 것을 더 두려워합니다. 이는 인간 심리의 흥미로운 측면 중 하나입니다.

다음과 같은 게임을 한다면 A와 B 중 어느 쪽을 선택하겠습니까?

A: 50퍼센트의 확률로 500엔을 받을 수 있지만, 50퍼센트의 확률로 500엔을 내야 한다.

B: 50퍼센트의 확률로 1,000엔을 받을 수 있지만, 50퍼센트의 확률로 1,000엔을 내야 한다.

이 실험[11]에서는 많은 사람이 A를 선택했다고 합니다.

우리는 무언가를 얻는 기쁨보다 무언가를 잃는 고통을 더 강하게 느낍니다. 이를 '손실 회피의 법칙'이라고 합니다.

특히 여성은 리스크를 싫어하는 경향이 있습니다. 남성적 특징을 가져다주는 남성호르몬(테스토스테론)은 모험과 도전을 좋아하게 만들고 리스크를 기꺼이 감수하게 합니다. 한편, 아이를 낳아 기르는 성별인 여성은 반대로 모험과 도전을 피하려고 합니다. 여성은 편안하고 안전한 환경을 만드는 데 집중합니다. 남성은 리스크를 감수하면서까지 '최선'을 추구하지만, 여성은 '최악'을 회피하기 위해 리스크를 배척하려고 합니다.

그래서 여성은 손해에 예민한 탓에 선택을 주저하거나 일단 리스크만 피해보려는 선택을 하기 쉽습니다. 새로운 도전에 나서기를 주저하기도 합니다. 앞으로 일어날 일에 대해서는 불안으로 가득합니다. 무언가 나쁘고 불행한 일이 일어나지 않을까 하고 부정적인 상상만 합니다.

만일에 사태에 대비하는 위기관리 능력은 매우 중요합니다. 그러나 진정한 위기관리는 정말로 일어날지 알 수 없는 일을 줄곧 고민하고 그저 불안과 걱정만 하는 것과는 크게 다릅니다. 9,999분의 1의 가능성을 두려워해서 무한한 장점을 놓친다는 것은 매우 안타까운 일입니다. 이런 잘못된 선택의 버릇을 고치는 처방전은 다음과 같습니다.

- 큰일이 일어나면 어쩌나 하고 걱정하기보다는 큰일이 일어났을 때의 대응을 구체적으로 고민하도록 생각을 전환한다.
- 장단점 리스트를 써서 장점을 확실히 알아둔다.
- 어떤 위험성과 손실과 희생이 있는지, 사실과 데이터 및 수치로 냉철히 생각한다.

걱정거리나 불안에 관해서는 그것이 일어날 가능성만큼만 고민해도 됩니다. 이따금씩 들어맞는 부정적인 예측 때문에 많은 시간을 낭비하지 말아야 합니다. 위험성이 완전히 사라질 수는 없겠지만, 지나치게 걱정하지 말고 그저 어느 정도 위험성을 염두에 두고 적절한 타이밍에 선택하면 됩니다.

🔲 잘못된 선택의 버릇을 알아두자

잘못된 선택의 버릇 **1**	**주변에 휩쓸린다.** [처방전] '내 인생을 사는 것은 바로 나' 나의 행복에 솔직해지자.
잘못된 선택의 버릇 **2**	**포기하지 못한다.** [처방전] 지금보다 미래에 가치를 두자. 지금 더 나은 선택지를 골라내면 된다.
잘못된 선택의 버릇 **3**	**리스크가 두렵다.** [처방전] • 큰일이 일어나면 어쩌나 하고 걱정하기보다는 큰일이 　일어났을 때의 대응을 구체적으로 고민하도록 생각을 　전환한다. • 장단점 리스트를 써서 장점을 확실히 알아둔다. • 어떤 위험성과 손실과 희생이 있는지, 사실과 데이터 　및 수치로 냉철히 생각한다.

│ 그 밖에 잘못된 선택의 버릇을 알아두자 │

• 단정의 버릇

'전형적'인 것을 모든 것에 적용해서 판단하려 하는 버릇입니다. 예를 들어 '전문가가 한 말이니까 옳다', '텔레비전에서 소개한 식당이니까 맛있다'라고 단정하는 것입니다. 또는 모범 학생과 불량 학생이 싸우면 이유도 따지기 전에 불량 학생이 잘못했다고 무작정 단정해버리는 예도 있습니다.

하지만 단정한 내용이 꼭 사실과 부합하지는 않습니다. 사실을 꼼꼼히 확인하는 습관이 중요합니다.

• 편애의 버릇

좋고 싫음의 감정에 휩쓸리는 버릇입니다. 논리적으로 선택해야 하는 상황에서 감정에만 이끌리면 이른바 조직 내 파벌이 생겨날 수도 있고, 좋아하는 것에 대해서는 그 위험성을 과소평가할 수도 있습니다. 공평한 판단이 필요할 때는 논리적으로 머리를 써서 생각해야 합니다.

- 결론을 정해놓는 버릇

자신의 의견에 긍정적인 정보만 모으고 반대 의견의 증거를 무시하거나 찾는 노력을 게을리하는 버릇입니다. 결론을 정해놓고 이야기를 전개하면 정보를 수집할 때 편파적이 될 수 있습니다. 주장의 근거를 찾아내는 것은 좋은 일이지만, 의식적으로 반대 의견이나 반증도 확인해야 합니다.

- 쉬운 검색의 버릇

입수하기 쉽고 떠올리기 쉬운 눈앞의 정보만으로 판단하는 버릇입니다. 예를 들어 주변에 이직하는 사람이 적으면 그 정보만으로 '이직 같은 건 할 수 없어', '위험성이 너무 커'라고 생각해버리는 것입니다. 하지만 '17명 중에 1명은 이직한다(2016년 일본 총무성 통계국)'는 정보를 접하면 비교적 이직하는 사람이 많다는 사실을 깨달을 것입니다. 이직해서 성공하는 사람도 당연히 많습니다.

우물 안 개구리가 되지 말고, 시야를 넓혀서 자신의 세계도 크게 키우기 바랍니다.

더욱 행복하게,
더욱 나답게
선택하기 위해

인생이란

자신을 발견하는 것이 아니다.

인생이란

자신을 창조하는 것이다.

— 조지 버나드 쇼(극작가)

선택에 실패는 없다, 다시 선택하면 그만이다

큰마음 먹고 선택했는데, 그것이 잘못된 선택이라면 어떻게 할까요? 그런 불안 때문에 좀처럼 선택하지 못한다면 어떨까요? 실제로 선택한 후에 그 선택을 후회하는 경우가 많습니다. 그때는 좋은 선택지를 골랐다고 생각했는데, 나중에 환경이 변하고 인간관계가 변해서 더 이상 행복하지 않은 상태라면 어떨까요?

그래도 괜찮습니다. 다시 선택하면 되니까요.

이렇게 생각하면 선택하는 것이 전혀 두렵지 않게 됩니다.

앞에서 '우리가 선택이라고 부르는 것은 자기 자신이나 혹은 자신이 놓인 환경을 자신의 힘으로 바꾸는 능력이다'라고 이야기했습니다. 선택이란 주변을 개선하는 것이자 스스로 개선되는 것입니다. 개선은 몇 번이고 얼마든지 할 수 있습니다. 그러므로 선택이 틀렸다고 생각될 때는 다시 선택하면 그만입니다.

게다가 지금은 다시 선택하기가 쉬운 세상입니다. 커다란 선택 중 하나인 이직 역시 종신고용제가 사라진 세상에서는 오히려 적극적으로 선택해도 괜찮습니다. 또한 이혼하고 재혼하는 것도 사회적으로 아무렇지도 않게 받아들여집니다.

이러한 인생의 굵직한 사건마저도 다시 선택할 수 있습니다. 하물며 사소한 일상의 선택이야 가볍게 다시 하면 되지 않을까요? 한번 선택한 것이라도 후회하거나 반성한다면 원래 선택을 고집할 필요가 없습니다. 새롭게 선택하면 그만입니다.

예를 들어 사소한 일이지만, 모처럼 친구들을 데리고 식사를 하러 새로운 식당을 선택해서 찾아갔는데 음식이 맛없는 경우가 흔히 있습니다. 그럴 때 화도 나고 친구들에게 미안하기도 해서 '왜 이런 식당에 오자고 했을까?', '왜 이 메뉴를 선택했을까?'라고 후회하고 있으면 점점 짜증이 날 뿐입니다. 하지만 '디저트만큼은 맛있는 것을 선택하면 되지!' 혹은 '다음에는 확실히 맛있는 메뉴를 대접해야지'라고 마음을 고쳐먹으면 짜증은 가라앉기 마련입니다.

선택을 다시 할 때는 이전에 고른 선택지를 단순히 다시 선택하기보다는(점심을 다시 먹을 수는 없는 노릇이지요), 그 후회나 반성을 토대로 '새로운 목적'에 맞도록 새롭게 선택하는 것이 좋습니다.

│ 선택을 후회하기보다 '전환점'으로 생각하자 │

지금까지의 인생에서 자신이 선택해온 것에 대해 후회하는 일도 있을 것입니다. 하지만 후회할 필요는 없습니다. 실패라고 생각한 선택도 사실 '전환점'이거나 당시에는 '정답'이었을 수도 있기 때문입니다. 또한 아무리 실패한 선택이라도 앞으로 다시 선택하면 그만입니다.

저의 사례를 이야기해보겠습니다. 제가 취직했을 때는 버블 경제가 무너져 취업난이 극심한 시절이었습니다. 게다가 그럴 때 정보 수집 능력이나 선택하는 힘이 전혀 없었던 저는 유유자적하게 프랑스 유학을 즐기고 있었고, 귀국한 때는 4학년으로 진학하기 직전이었습니다. 부끄럽게도 저는 4학년부터 취업 활동을 하면 충분하다고 믿었습니다. 하지만 실제로는 3학년 가을부터 기업들의 물밑 채용이 이미 시작되었고, 한발 늦은 저를 받아주는 기업이 없는 상태였습니다. 친구들은 취업난임에도 불구하고 자신이 하고 싶은 일을 찾아 지망하는 기업에 들어갔습니다. 그에 비해 제가 겨우 들어간 곳은 그다지 흥미 없는 회사였습니다. 솔직히 완전히 실패했다는 기분으로 가득했습니다.

그러나 그 덕분에 1년 후에 꿈에 그리던 패션 브랜드의 홍보 업무를 선택할 수 있었습니다. 만약 처음부터 유명한 대기업에 취직했다면 그냥저냥 만족하면서 다녔을 테고, 제 꿈을 진심으로 이루려는 노력을 하지 않았을지도 모릅니다.

그리고 그런 경험으로부터 어떻게든 아무 데나 취업해야겠다는 생각이 아니라 '나만의 경력을 어떻게 만들어나갈까?'를 고민하게 되는 토대가 만들어졌고, 친구들 중에서도 가장 업무에 대한 의욕이 없었던 제가 지금은 결혼하고 아이를 낳고서도 계속해서 일을 즐기고 있습니다. 그러므로 대학교 4학년 당시에 선택한 첫 취업은 '전환점'이자 '기회'였고, 결코 '실패'가 아니었다고 할 수 있습니다.

또한 한 친구는 이직을 선택하지 않은 것을 후회하고 있었습니다. 그녀는 10년 전에 본사에서 신규로 설립하는 다른 업종의 자회사로 이직할 것을 권고받았습니다. 하지만 그때는 업무에 특별히 불만이 없었기 때문에 그대로 본사에 남기로 선택했다고 합니다.

그런데 지금은 본업의 업계 자체가 사양산업이 되었고, 신규로 설립한 자회사가 주 수입원이 되었습니다. 그녀는 "지금 이대로 일을 계속할 수 있을지 잘 모르겠고, 이직하더라도 같은 업계의 다른 회사는 지금 다니는 회사보다 더 혹독한 상황이야. 나이를 생각하면 이제 와서 새로운 업종으로 가는 것도 어렵고……. 그때 자회사로 옮겼어야 했는데……"라며 자신이 내린 선택이 실패했다고 후회하고 있었습니다.

그런 그녀의 이야기를 듣고 생각했습니다. 그것은 어쩌면 실패가 아니었을지도 모른다는 생각입니다.

10년 전이라면 완전히 낯선 새로운 업종에 도전한다는 것은 위험성도 크고 '굳이 안정된 대기업을 포기할 필요가 없다'고 생각해 본사에 남는 선택을 하는 것이 '최선'이었습니다. 무엇보다 친구 자신이 그 분야에 흥미도 없었습니다.

그러므로 10년 후에 그 선택을 실패라고 평가하고 후회할 필요는 없습니다. 그때의 선택이 나빴던 것이 아닙니다. 단순히 시대가 달라졌을 뿐입니다.

후회해야 할 것은 10년 전의 선택이 아니라, 그 10년 동안에 적극적으로 다른 선택지나 다른 진로를 선택하지 않았다는 사실입니다. 그녀의 경우 본사에서 실력을 쌓으려는 노력을 지속했다면 사양 업계라 하더라도 높고 탄탄한 지위에 올랐을지도 모르고, 시대의 흐름을 읽고 좋은 타이밍에 자회사로 옮기겠다는 청원을 했을지도 모릅니다. 그 외에도 이직의 기회가 여러 번 있었을 것입니다.

하지만 여기에서 포기할 필요는 없습니다. 앞으로 새롭게 선택하는 것은 지금부터라도 얼마든지 가능하니까요.

시대는 시시각각 변화합니다. 환경도 끊임없이 변화합니다. 사람도 꾸준히 성장합니다. 주변도 달라지고 자신도 예전 그대로가 아닙니다. 나중에 깨달은 사실을 토대로 과거를 평가하고, '지금으로서는 어쩔 수 없는 것'에 감정과 시간을 사용할 바에야 차라리 선택한 것을 노력해서 정답으로 만드는 편이 훨씬 생산적입니다.

과거에 내린 최선의 선택이든, 시간과 돈 때문에 어쩔 수 없이 내린 선택이든, 주위의 이해관계를 따져 내린 타협의 선택이든, 그것을 금과옥조처럼 여길 필요는 없습니다.

인생은 선택의 연속입니다. 조금 더 나은 선택을 해나가면 그만입니다. 끊임없는 선택 중에 하나의 선택에 실패하더라도 인생 그 자체에 실패하는 것이 결코 아닙니다.

스스로에게 던지는 말을 바꾸고
더 행복해지자

선택하는 데 자신감이 없다면 '역시 선택에 실패했는지도 몰라'
라고 불안을 느끼거나 후회할 때가 반드시 찾아옵니다. 후회하고
싶지 않기 때문에 더더욱 선택하는 데 어려움을 느끼고 선택하지
못하게 되는 경우도 있습니다.

하지만 아무리 선택하기가 어렵다고 하더라도 '나의 행복'이라
는 커다란 목적을 위해 정서적 선택력과 논리적 선택력을 확실히
조합해서 자신에게 '최선'을 선택한다면 걱정할 필요가 없습니다.
그것은 곧 행복한 선택이니까요.

그리고 그 선택에 불안을 느낀다면 온 힘을 다해 그 선택을 긍

정하세요! 온 힘을 다해 그 선택을 정답으로 만드세요. 스스로 그 선택에 관해 '당시에는 최선의 선택이었다'라고 확실히 믿으세요. 그러고 나서 더 나은 선택지가 있다면 다시 선택하세요.

'어설픈 선택을 했다'고 느낀다면 사고방식을 전환해야 합니다. 그리고 사고방식을 전환하기 위해서는 스스로에게 들려주는 말을 바꿔야 합니다.

| 자신을 받아들이는 것부터 시작하자 |

끊임없이 서툰 선택을 하는 악순환에 빠지는 경우가 있습니다. 그럴 때는 '나는 내 선택을 약간 후회하고 있는지도 몰라', '선택이 잘못되었다고 생각하고 있어'라고 부정적인 감정이나 생각을 일단 인정해야 합니다. 억지로 기분을 긍정적으로 만들려고 노력할 필요는 없습니다.

저는 매우 부정적인 성격이었기 때문에 모든 일에 대해 부정적으로 생각해 쓸데없는 걱정을 하고 불안에 떨었습니다. 어머니에게서 "조금 더 긍정적으로 생각해봐"라는 말을 자주 들었지만, 그 방법을 몰랐습니다.

주변에서는 컵에 물이 반쯤 들어 있을 때 '이제 물이 반밖에 안 남았어'라고 부정적으로 생각하기보다는 '아직 물이 반이나 남았어'라고 긍정적으로 생각하라고 충고했지만, 저에게는 도저히 불가능한 이야기였습니다. 왜냐하면 저는 아무리 노력해도 '이제 물이 반밖에 안 남았다'라는 생각만 들었기 때문이지요. 사물을 바라보는 견해는 그렇게 쉽게 바꿀 수 없는 법입니다.

하지만 지금은 스스로에게 다음과 같이 질문을 던지고 행복한 생각으로 바꿀 수 있습니다.

'이제 물이 반밖에 남지 않았네. 아쉽구나. 하지만 그래도 좋은 점이 있다면 어떤 게 있을까?'

그러면 '물이 반밖에 남지 않았으니 더 소중하게 여기자'라고 생각하거나, '반쯤 비어 있으니까 술을 넣어서 칵테일을 만들자'라는 아이디어를 떠올릴 수 있습니다. 그렇게 해서 언뜻 실패한 선택처럼 보이는 '물이 반밖에 들어 있지 않은 컵'도 훌륭한 선택의 결과로 만들 수 있습니다.

우리는 생각과 말을 선택할 수 있습니다. 그리고 행동은 생각에서 생겨납니다. 감정도 생각으로 제어할 수 있습니다. 또한 생각은 말로 이루어집니다.

그러므로 남에게 향하는 말과 스스로에게 향하는 말을 바꾼다면, 사고방식과 감정도 긍정적으로 변할 수 있습니다.

즉, 우리는 지금의 행복을 선택할 수 있습니다. 그렇다면 다음과 같이 스스로에게 질문을 던져보십시오.

'이 선택이 좋다고 느꼈을 때의 감각과 감정은? 또 그 이유는?'

'이 선택에 좋은 점이 있다면?'

'이 선택에 의해 좋은 일이 일어난다면?'

'이 선택을 더 좋게 만들기 위해 앞으로 할 수 있는 일은?'

'이 선택은 좋은 선택이다'라고 스스로를 세뇌하면 반대로 마음은 반발을 느끼고 생각과 아이디어를 멈춰버립니다. 세뇌하는 것이 아니라 스스로에게 질문을 던져 '장점 찾기'를 유도해야 합니다. 장점을 깨닫고 발견하면 새롭게 마음에 와닿습니다. 그래야 진심으로 '좋은 선택을 했다'고 믿을 수 있습니다.

말에는 영혼과 에너지가 담겨 있습니다. 선택을 서툴게 하는 함정에서 벗어나 지금의 선택과 앞으로의 선택을 더욱 행복하게 만듭시다.

지금 이 순간부터
행복을 선택한다

선택 달인이 되기 위한 첫걸음은 '나의 행복을 선택하자'라고 용기 있게 선택하는 데서 출발합니다.

'이것만 할 수 있게 되면', '시험에 합격한다면', '원하는 직업을 갖게 된다면', '돈이나 집이 있다면' 꼭 행복해지는 것은 아닙니다. 아무것도 없어도 행복을 느낄 수 있습니다. 일상생활 속에서 '행복을 느끼는 것'을 선택하면 그만입니다.

하버드대학교의 한 인기 강좌에서는 '성공이 행복을 만드는 것이 아니라, 행복이 성공을 부른다'고 가르칩니다. 없는 것을 부러워하기보다는 지금 있는 것에 눈을 돌리고 당연한 것에 감사하는 일부터 시작합시다.

마지막으로 스스로 선택함으로써 인생을 행복하게 보낼 수 있는 '진실의 메시지'를 전달하겠습니다.

인생의 마지막 순간을 보내는 환자들의 완화 의료에 종사하는 한 간호사가 《내가 원하는 삶을 살았더라면 *The Top Five Regrets of the Dying*》이라는 책을 썼습니다. 환자들이 꺼내놓는 후회의 말을 정리해놓은 책입니다. 그중에 선택과 관련된 후회가 두 가지나 있었습니다.

첫째, '남들의 기대에 부응하기보다는 나답게 살았으면 좋았을걸' 하고 후회했습니다.

꿈이 몇 가지 있었는데, 그중 절반의 꿈에 대해서는 최선을 다하지 않은 채 세월이 흘러버렸다고 합니다. 그리고 최선을 다하지 않은 것은 다름 아닌 자신의 선택이었습니다.

둘째, '자신을 좀 더 행복하게 해주었으면 좋았을 텐데' 하고 후회했습니다.

환자들은 죽기 직전에야 '행복은 스스로 선택하는 것'임을 깨달았다고 합니다. 습관이나 패턴에 사로잡힌 채 변화를 두려워하고, 남들에게나 자신에게나 '이대로도 충분하다'고 속여왔지만 마음속 깊은 곳에서는 진심으로 행복을 원했습니다. 그 행복이라는 선택을 피해왔던 것을 환자들은 후회했습니다.

여러분이 당연하게 생각하는 '나다운 것', '자신을 행복하게 하는 것'을 날마다 의식하며 선택하고 행동하고 있습니까? 나의 본질을 선택하고 직장이나 가정을 더욱 행복하게 만들기 위해 노력하고 있습니까?

'알고 있는 것'과 '의식적으로 실행하는 것'은 별개입니다. 《내가 원하는 삶을 살았더라면》은 그 점을 잘 가르쳐줍니다.

"Success is a choice(성공은 선택이다)."

"인생은 선택의 연속이며, 작은 선택이나 큰 선택이 쌓여서 사람의 인생을 만든다. 그러나 공포심으로 인해 선택을 미루거나 선택을 하지 않는 사람도 있다. 성공에는 이유가 있다. 성공 여부는 선택에 달려 있다."

이것은 크리스 라이틀(Chris Lytle)의 저서 《풀코스 서비스로 팔아라 The Accidental Salesperson》에 나오는 말입니다.

선택은 곧 우리의 삶이고, 잘 사는 비결은 곧 선택입니다. 이 말을 알찬 인생을 살아가는 힌트로 삼는다면 우리는 일단 '나답게 선택하는 것을 선택하기', '행복을 선택하는 것을 선택하기'부터 시작할 수 있습니다. 그렇게 일상의 선택지에서 나답게 나의 행복에 어울리는 것을 적극적으로 선택해나감으로써 자기다운 행복한 인생을 실현할 수 있습니다.

이 책에서 말하는 '선택 달인이 되는 길'은 인생이 지속되는 한 꾸준히 노력하며 다듬어갈 수 있습니다. 지금 이 순간부터 '행복을 선택한다'라는 강력한 의사를 지니고 내 인생의 주인으로서, 그 행복에 가장 영향을 주는 리더로서, 정서적 선택력과 논리적 선택력을 충분히 활용하면서, 그 누구의 것도 아닌 '나의 행복'을 적극적으로 선택해나가기 바랍니다.

인생의 마지막 순간에 '자신을 좀 더 행복하게 해주었으면 좋았을 텐데'라는 후회가 아니라, '나는 나를 행복하게 만들 수 있었다'라는 자부심을 품을 수 있도록 합시다.

'현재'와 '미래'를 빛나게 하는 작업

이제 인생의 마지막 순간을 맞이하려는 110세의 나. 과학기술의 발달에 의해 단 15분 동안 과거로 돌아갈 수 있습니다.

▸▸ 단 15분 동안 지금의 나와 만날 수 있다면, 어떤 메시지를 전하겠습니까?

▸▸ 그로 인해 나의 선택은 어떻게 달라집니까?

변화하는 세상에서
살아남기 위해
'선택력'이 필요하다

이 책을 선택해주셔서 고맙습니다. 내용은 어땠나요?

전문가의 난해한 이론이나 사고방식은 되도록 배제하고, 일상 속에서 조금 더 멋진 미래를 손에 넣기 위해 구체적으로 어떻게 '선택의 힘'을 기를 수 있을지 소개하고자 했습니다. 그리고 그 뜻을 전달할 수 있는 사람은 저밖에 없다는 사명감으로 이 책을 집필하게 되었습니다.

우리는 예전과 달리 삶을 자유롭게 선택할 수 있습니다. 국가나 기업도 여성의 다양한 삶과 다양한 업무 방식을 후원해주고 있습니다. 하지만 실상은 어떨까요? 제가 기업의 '여성 활약'과

'다양성'을 추진하고, 여성을 위한 강좌를 개최하면서 매우 아쉬웠던 부분은 그 문제에 진지하게 전략적으로 임하는 기업이 많지 않다는 사실입니다.

한편으로, 일하는 여성들 자신도 때로는 '나 같은 게 뭘 하겠어?'라고 자신을 필요 이상으로 낮게 평가하거나, 눈앞에 있는 천재일우의 기회를 잡지 못하고 수동적으로 살아가기를 선택해버리기도 합니다. 저는 그런 모습을 자주 보고 매우 안타깝게 느낍니다.

그만큼 '자유'라는 것은 다루기 어렵습니다. 자유는 멋지지만 책임도 뒤따르기 때문입니다.

그러나 이 책에서 거듭 이야기했듯이, 자신을 행복하게 만드는 것은 자기 자신밖에 없습니다. 그리고 우리 여성이 활약하는 것은 '여성의 권리'가 아니라 우리가 '살아남는 전략'입니다. 스스로 생각하고 능동적으로 선택하지 않으면 아무것도 손에 넣을 수 없고, 아무것도 충족하지 못합니다. 이처럼 변화가 심한 세상에서 살아남기 위해 필요한 능력, 그것이야말로 '선택력'입니다.

여러분이 자신만의 '최선'과 '본질'을 선택함으로써 '나답게' 인생을 창조해가며 더욱 멋진 자신과 밝은 미래를 손에 넣기를 진심으로 응원합니다.

이 책을 쓰기 시작한 지 어느덧 3년이 흘렀습니다. 3년 이상이나 이 책을 사이에 두고 저와 함께 진심으로 호흡을 맞춰주었던 편집자를 비롯한 출판사 관계자 여러분과 가족, 친구들에게 마음으로부터 감사의 인사를 올립니다.

스기우라 리타

출처

*1   〈How to make choosing easier〉, Sheena S. Iyengar, Columbia University, TED, 2011년

*2   〈사회생활기본조사〉, 총무성 통계국, 2016년
      〈그래도 남성의 육아휴가가 늘어나지 않는 이유〉, 마쓰다 시게키, 제일생명 보험 주식회사 〈Life Design Report Winter〉, 2012년

*3   〈결단의 과학〉, Harvard Business Review, 2006년 4월호

*4   《선택의 과학》, 쉬나 아이엔가, 분게이슌주, 2010년

*5   〈The Effects of Choice and Enhanced Personal Responsibility for the Aged: A Field Experiment in an Institutional Setting〉, Ellen Langer and Judith Rodin, Journal of Personality and Social Psychology, 1976년

*6   〈5 Surprising Ways Men and Women Sense Things Differently〉, health.com
      〈Sexual Dimorphism in the Human Olfactory Bulb: Females Have More Neurons and Glial Cells than Males.〉, PLoS ONE, 2014년

*7   〈결단의 과학〉, Harvard Business Review, 2006년 4월호
      〈The Amazing Teen Brain〉, SCIENTIFIC AMERICAN, 2015년

*8   〈Very Happy People〉, Ed Diener/Martin E. P. Seligman, Psychol Sci, 2002년

*9   〈When Choice is Demotivating: Can One Desire Too Much of a Good Thing?〉, Sheena S. Iyengar/Mark R. Lepper, Journal of Personality and Social Psychology, 2001년

*10 《돈과 감정과 의사결정의 백열교실》, 댄 애리얼리/NHK 백열교실제작팀, 하야카와쇼보, 2014년

*11 〈Prospect theory〉, Daniel Kahneman, Amos Tversky, 1979년

참고 문헌

《선택의 과학》, 쉬나 아이엔가, 분게이순주, 2010년

《의사결정 트레이닝》, 인나미 이치로, 지쿠마쇼보, 2014년

《돈과 감정과 의사결정의 백열교실》, 댄 애리얼리/NHK 백열교실제작팀, 하야카와 쇼보, 2014년

《당신의 뇌는 왜 '어리석은 선택'을 하고 마는가? 의사결정의 진화론》, 더글러스 T. 켄릭, 고단샤, 2015년

나를 위한 최고의 선택

초판 1쇄 발행 2022년 1월 21일

지은이 | 스기우라 리타
옮긴이 | 이용택
발행처 | 이너북
발행인 | 이선이

편 집 | 박나래
마케팅 | 김 집
디자인 | 김동광

등 록 | 제 2004-000100호
주 소 | 서울특별시 마포구 백범로 13 신촌르메이에르타운 II 3층 305-2호(노고산동)
전 화 | 02-323-9477 **팩 스** | 02-323-2074
E-mail | innerbook@naver.com
블로그 | http://blog.naver.com/innerbook
페이스북| https://www.facebook.com/innerbook

ⓒ 스기우라 리타, 2022
ISBN 979-11-88414-64-2 03320